知性　感性　娛樂　美食

U0144409

日本露營

自助自駕 × 裝備剖析 ×

行程規劃一次上手

推　薦

我露營經驗不多，但我會推薦這本高世鍊寫的日本露營書給你，因為我認識他超過 25 年，我知道若對一個議題沒有真心熱愛，沒有潛心研究，他是不會出這樣一本書的。

我是作者的大學與研究所同學，我們念的是硬梆梆的土木工程系，大一開始我就注意到他，跟一般傳統的理工男很不一樣，高世鍊帶有濃厚的才子氣息，出自他手中的作品，融合了技術與藝術，這在同儕中是很特別的！

我對他印象最深的除了彈得一手好吉他不說，多次參與台北燈節，居然還獲得全國花燈比賽冠軍。一般工程師進行工程分析，只求數字正確即可，但他非得畫出精美細緻的 3D 圖像配上編排美觀的圖表說明。如果有人說工程師不懂美感，我一定介紹高世鍊給他認識！

當我得知他近年來在瘋露營，我第一時間就建議他寫書，看到此書終於出版我十分開心！露營是一項很特別的休閒活動，在享受悠閒的背後，也需要緊密貼心的規劃，以及對各類裝備的掌握與了解。以高世鍊對技術與美感的高標準，這本書絕對值得各位露營玩家珍藏！

「大人學」創辦人

姚詩豪 Bryan

https://www.darencademy.com

https://www.facebook.com/darencademy

推　薦

　　露營，一直到現在，還是個方興未艾的戶外活動，不管你是重度需要周周露的人或是偶露的朋友，在台灣，你只要把裝備擠上車，選好地點，再開個幾小時的路程，不管是上山或是下海，打開帳篷，擺好裝備，整個台灣到處都是你的露營場地。

　　露遍了台灣，那到國外的營地露看看如何？或許你早已起心動念，卻又不知道從何準備起，機票、租車、選擇營地、行程規劃、露營裝備的準備，一直到每日食材的採購料理，會很難嗎？如果你問我，我會說海外露營簡單但不容易，你真的不需要帶太過複雜的露營裝備，但你要花很多時間在準備的過程上，畢竟海外露營的本質還是在野外的露營，要是忘了這個，疏忽了那個，的確是會讓海外露營多了些許不便。

　　2014 年是我第一次的海外露營，帶著全家及帳篷環了法國露了一圈，那時候參考的資料並不多，這幾年且走且行的也露了十幾個國家，每次都是簡單但不容易呀！

　　你也想試一次海外露營嗎，推薦這本「超完整日本露營」，讓海外露營變成了一件，簡單又容易的事。

「逐露.逐居」粉絲專頁版主

綠茶我都是喝大杯的

https://www.facebook.com/joelinjoe2001
http://www.joelincampers.com.tw

推　薦

許多人嚮往日本露營卻不知從何開始，好希望有人可以幫忙，關於行程規劃、尋找適合的露營地、海外露營裝備整理，以及在日本露營的食、衣、住、行各種問題如何解決。由於經營親子旅行及露營部落格的關係，我自己經常協助日本露營新手上面說的各項問題。

很高興海外露營同好 Fish 有系統地整理出日本露營相關的資訊，在書中對於機票、租車、尋找營地、路線規劃、裝備、三餐、洗澡、預算編列 ...... 等，都有詳盡的介紹，如果您對日本露營有興趣，或是正想嚐試日本露營，這本書一定會對您有很大的幫助。

海外親子露營玩家

瑞米馬汀

https://www.facebook.com/rm2brothers

https://rm2brothers.cc

推　薦

　　一位被專業土木技師工作而耽誤的露營達人，在台灣各大營地累積了超過 240 露，當台灣無法滿足越陷越深的露營坑，進而往亞洲露營聖地的日本出發。

　　以自身實戰經驗，撰寫了一本超實用的日本露營全面攻略，從出發前的準備到行程規劃，從餐食到設備，從租車到採購，面面俱到。

　　正所謂「新手照書做、一定不會錯」，帶著這本秘笈，有如 Fish 專業的帶領，到日本旅遊再也輕鬆不過了。嚮往帶著家人到日本露營的朋友們，千萬別錯過。

「愛露營」訂位系統露營總監

林大衛

https://m.icamping.app

https://www.facebook.com/icamping

推 薦

近年來露營活動興盛，有越來越人辛苦扛著帳篷走出戶外，和親朋好友一起享受在大自然的單純生活，像我們甚至勇敢踏出舒適圈用露營的方式旅行歐美。

不過出國露營其實並不簡單，除了要做旅行的功課之外，還有出國露營裝備如何準備、露營地選擇甚至是去哪兒洗衣服這種瑣碎小事都要知道，真的很不容易！

但我永遠記得第一次在國外營地釘下營釘的感動，還有克服行李裝備、氣象天候和完成景點營地的成就感，那些比自助旅行更為艱辛刻苦的點點滴滴，終將成為最難忘的回憶，滋養著我們的人生與歷練。

而適合海外露營的第一站就非日本莫屬了，擁有豐富日本露營經驗的 Fish 手把手寫了這本日本露營書，詳細介紹交通、租車自駕、露營地、裝備到行程規劃，這根本就是要去日本露營的工具書聖經啊！推薦大家跟著這本書一起出發日本露營趣！

露營旅行作家
三小二鳥的幸福生活

https://wisebaby.tw
https://www.facebook.com/wisebaby.tw

我寫了一本從來沒想過要寫的書

　　從來沒想過我會深深踏入露營這個領域，更沒有想過我會一直去日本露營，但仔細想想，這一切其實有跡可尋。

　　我是一個不喜歡待在家裡的人，從小就對手作技法著迷，喜歡塗鴉，會用隨手可得的材料或工具，在儘量不花錢的條件下做出手工藝作品。喜歡天馬行空的廣泛思考，不喜歡被約制在既有的框框裡，創意的基因應該是內建在細胞裡了，會不斷嚐試創造研究新的東西，用簡單卻又不失嚴謹的方法解決複雜的事情。我重視事情的本質，而不是形式、條文或名詞，喜歡一件事，就會無可救藥的一直熱血下去。

　　偶然接觸露營之後我就逐漸愛上，因為可以不用待在家裡，在營地我可以 DIY 露營相關事物，有時也會用營地現採的葉子裝飾成獨一無二的營燈，而我另一個興趣是用畫板記錄露營生活，從 76 露開始一直畫到現在，臉書上很多露營同好認識我就是因為我的露營畫板。

　　第一次日本露營是去北海道，絕美的自然風景以及舒適的露營環境讓我一次上癮，我喜歡日本，但我不是會一直待在同個地方的人，身體裡的熱血告訴我要用露營的方式玩遍全日本。出了北海道到日本其他地區露營之後，慢慢累積經驗，也做了許多功課，期間也帶過不少朋友一起去日本露營，所以我知道對於日本露營的新手來說最需要準備的東西以及相關知識是什麼，便開始著手系統化的整理相關資料。謝謝我的大學同學姚詩豪先生，因緣際會之下推了大坑，於是有了這本書的誕生，真心希望這本書能幫助到需要的人。

　　最後感謝老婆 Mag 及家人容許我的任性，陪伴我一直去日本露營。

高世鍊 Fish Gao

關於這本書的使用

本書企畫是以各形式分類集中說明，您可參閱內容直接找到解答。

🔧 有工具符號，即此小節有分解步驟及使用示範。

如果您習慣是照行程規畫進行，可以跳著章節進行翻閱。

行程計畫表	行前	旅途中
• google 地圖 • 費用估算 • 實用網站	• 訂機票 • 找營地 • 租車 • 行李準備	• 天候 • 食衣問題 • 住的問題 • 行的問題 • 裝備問題
Part4 行程規劃 路線安排、景點及相關慶典活動、Google Map 使用、行程表單控管 **Part8 旅遊預算參考與計畫範例** **附錄實用網站列表**	**Part2 交通** 機票／租車／保險相關資訊 **Part3 露營場地** 預定營地 **Part5 露營裝備** 那些要帶哪些可以到當地採買	**Part4 行程規劃** 氣象 **Part3 露營場地** 前往營地，到達營地後工作 **Part6 露營三餐、洗澡與洗衣** 準備吃的以及盥洗事項 **Part2 交通** 駕車注意事項、ECT 與 Expressway Pass 及相關陸路使用及計費 **Part7 實用的日本商店** 採買器材及食物 **附錄實用網站列表**

目 錄

Part4 行程規劃

Part5 露營裝備

Part6 露營三餐、洗澡與洗衣

Part1

認知篇

日本是適合自助旅行的國家

　　由於地理位置以及歷史文化的因素，除了台灣本身之外，日本應該是台灣人最熟悉的國家。就如同大家所知道的，日本的治安良好，歷年來類似「最安全國家」或是「治安最好國家」的評選，日本總是名列前茅。

　　雖然日本人與我們語言與文化不同，以我個人在日本旅遊的經驗，獨自待在日本的街頭或隻身混入日本人群之中時，並不會有什麼不安全的感覺，反而日本的文化氛圍能帶給我一份安全感，就是這份安全感，日本是相當適合自助旅行的國家。

在台灣有露營經驗很重要

　　露營，指的是在野外臨時的遮蔽場所起居生活，臨時的遮蔽場所最方便搭設的就是帳篷了，起居生活代表我們會在營地自理飲食、睡覺、洗澡，在國外露營甚至還需要洗衣服。要去日本露營之前建議先要在台灣有露營經驗，先學會如何準備露營的裝備及食材，熟悉帳篷搭設，自己在營地煮食，在帳篷裡睡覺不感到陌生、睡不好，能夠從容處理在露營地大部分可能發生的情況。

善用智慧型手機及網路

在日本自駕露營時，最好把所規劃的行程事先記錄在雲端工具裡，可以用手機隨時打開來查詢及添加記錄，同行親友也可共同檢視或編輯同樣的文件。我個人習慣把所有規劃好的路線紀錄在 Google Map 裡，營地資訊整理表放在 Google 試算表中，記帳也採用 Google 試算表，而本書後面的內容也將會示範操作如何應用雲端工具來規劃行程。

日本的地理及行政區

日本是一個島嶼國家，總面積 377,950 平方公里，大約有 10.5 個台灣大。日本主要由四個大島組成：北海道、本州、四國、九州，我們稱為日本本土。另外我們所熟知的沖繩是由許多的小島所組成，位在日本國土的最南端。

日本的國土大約有 75% 是山地或丘陵，山區集中在各大島的中間地帶，日本的山區不像台灣這麼陡峭，所以有許多小規模的山間盆地及平原散布在山地丘陵區內，這些都是農作及經濟活動的集中處。因此，當我們在日本駕車旅行時常會駛入山區的道路，尤其是橫斷日本本土中間山區地帶的路線，而日本絕景通常也就隱身在崎嶇蜿蜒的山區道路裡。

日本國土分為四十七個一級行政區：一都、一道、二府、四十三縣，其下再設立市、町、村。一都是指東京都，一道是北海道，二府是京都府及大阪府。以地區來分的話，可分為：北海道地區、東北地區、關東地區、中部地區、關西地區（近畿地區）、中國地區、四國地區、九州及沖繩地區。如果您有以露營方式制霸日本 47 個都道府縣的打算，建議可以地方為單位來安排行程。

日本地形圖（本圖摘自日本地理院地圖 https://maps.gsi.go.jp/）

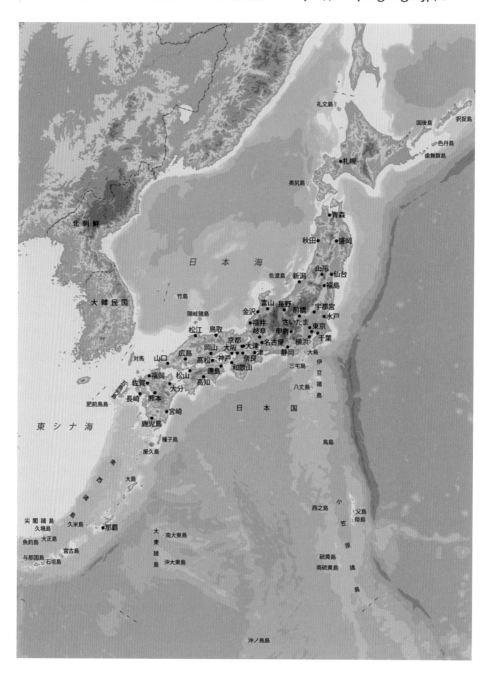

🚩 日本山脈分布圖

北見山地
天鹽山地
夕張山地
日高山地
出羽山地
北上高地
越後山脈
三國山脈
飛驒山脈
奧羽山脈
兩白山地
中國山地
丹波高地
伊吹山地
阿武隈高地
冠山山地
關東山地
筑紫山地
赤石山脈
木曾山脈
鈴鹿山脈
笠置山地
金剛山地
石鎚山脈
讚岐山脈
和泉山脈
九州山地
四國山地
紀伊山地
國見山地

🏳️ 日本行政區圖

北海道

青森縣
秋田縣
岩手縣
東北地區
山形縣
宮城縣

中部地區

石川縣
福井縣
新潟縣
福島縣

兵庫縣　京都府
富山縣
中國地區
群馬縣　栃木縣

島根縣　鳥取縣
長野縣
岡山縣
埼玉縣　茨城縣

九州地區　福岡縣
廣島縣
岐阜縣
關東地區

山口縣
滋賀縣
愛知縣

佐賀縣
香川縣　大阪府
三重縣

愛媛縣　德島縣
靜岡縣　山梨縣
東京都

長崎縣
大分縣
高知縣
和歌山縣　奈良縣
神奈川縣

熊本縣
千葉縣

宮崎縣
四國地區

關西(近畿)地區

鹿兒島縣

沖繩縣

日本的氣候

　　日本本土大多數地區都屬於溫帶氣候，四季分明，夏天和冬天有很大的不同，日本本土氣候受到季風的影響，夏天吹東南季風，冬天吹西北季風；沖繩位處南方，氣候與台灣比較接近，夏天吹西南季風，冬天吹東北季風。夏天造訪日本露營時，若您選擇的營地在靠近東南側的沿海時，則要注意是否受到東南季風影響，我們都知道帳篷是很怕大風的。

　　除了北海道之外，日本其他地方跟台灣一樣也有梅雨季節，日本本土的梅雨大致在 6 月初到 7 月底左右，南北各地略有不同，沖繩的梅雨季大致在 5 月中到 6 月底左右，此時各地的降雨量會增加，不過一般來說日本的降雨量都比台灣還要少，在梅雨季造訪日本也不代表天天都會下雨。7 月到 10 月左右是日本的颱風季節，不過颱風造訪日本的機率比台灣還小，而真正入侵日本的颱風強度常常比台灣還要大。如果在梅雨季或颱風季造訪日本露營時，就需要有比較多的雨天或避颱備案。

　　日本冬天下雪最多的地方主要在北海道以及吹拂著寒冷西北季風的北陸，緯度越高，降雪也越多，本土最南端的九州並不常下雪，沖繩地區則不會下雪。因為下雪的原因，冬季時日本大多數的露營地都會關閉，而九州及沖繩地區的露營地仍有許多還維持營運。

　　一般來說，日本的空氣比台灣乾燥，台灣人若還沒適應的話容易鼻腔及喉嚨乾燥，要常常補充水份，而日本冬天時雖然氣溫比台灣還要低，但因為乾燥的空氣使得體感溫度並沒有那麼冷。比方說：冬天的京都可能氣溫已經接近零度，冷風吹過來時臉上的皮膚會感到冰冷，但這個冷風並不會讓你冷到身體裡面。

日本各地氣溫變化圖

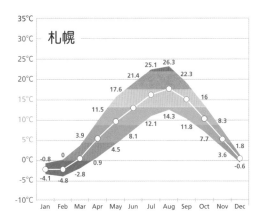

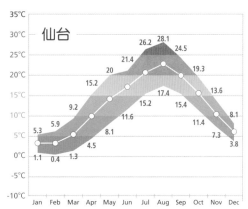

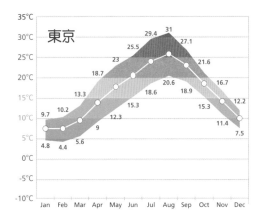

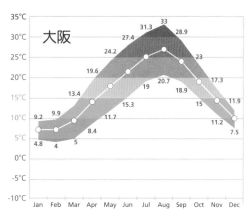

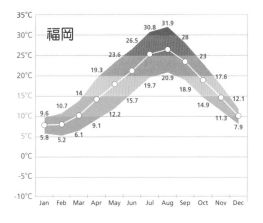

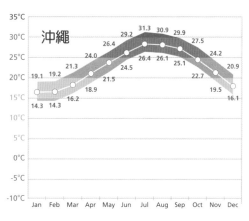

不懂日文時的溝通方式

　　如果有一個外國人在路上找您問路或其他協助，他不懂中文而您也不懂他的語言該怎麼辦？通常我們就算比手劃腳也會熱心地盡力協助他。場景切換，我們不懂日文而身在日本，其實也是一樣的，日本人通常也一樣會儘可能協助你。

　　此外，我們可以在各地的旅遊服務中心、觀光景點、車站或飯店找到免費的旅遊導覽資訊，這些資訊除了日文之外，通常還會有英文及中文，這些東西都會對我們的旅程有所幫助；有些比較知名或是觀光客多的餐廳，甚至也會準備中文菜單，方便外國人點餐。不過有些資訊可能還是要由我們主動溝通獲得，不懂日文時的可以試著用以下方法：

★ 用簡單的英文溝通

　　在日本不會日文真的也不用太擔心，跟他們講簡單的英文單字，再加上 OK、YES、NO 即可。一般日本人雖然普遍不擅長或不習慣說英文，但大多能聽講一些簡單的英文單字，我遇到很多日本老爺爺也都能來上一點口音不太標準的英文，他們會用英文加日文跟你溝通，比方某次我在北海道問路時，有個老爺爺指著藍色招牌說「Blue 砍棒」，是的！您應該聽懂了老爺爺想表達的，而且這個大概只有台灣人才懂他在說什麼。

★ 看漢字

　　日文中本身就夾有很多漢字，尤其是看地名、告示牌或菜單，日文中的漢字雖然有時跟我們日常用字不同，但望文生義，可以猜到八九不離十。比方：自駕時前方施工時會先看到「徐行」的告示牌，徐徐就緩慢的意思，就是請您要開車慢一點；路邊的「子供飛び出し注意」告示牌，可以想像是要注意小孩可能從路邊飛出來，其實就是台灣「當心兒童」的意思。

★ 翻譯 App

　　實用的手機中翻日或日翻中 App 很多種，像是 Google 翻譯、Dr.eye 日語通、LINE 中日翻譯都很好用。翻譯 App 可以直接輸入中文，再由 App 翻成日文，有一次我臨時需要迴紋針但不知日文怎麼說，用 Google 翻譯畫面出現日文「リード針」，我再拿手機給商店櫃台服務人員看，他就知道意思了。Google 翻譯還有另一個用法，如果我們不知道日文的意思也不曉得日文怎麼輸入，可以將想知道意思的日文予以拍照，再由 Google 翻譯從相片中自動辨識日文，並翻譯成中文。上面說的 LINE 中日翻譯嚴格說起來不算是 App 而是 LINE 機器人，在 LINE 的官方帳號選項中搜尋「中日」二字後即可找到「LINE 中日翻譯」，加入帳號後即可用對話的方式直接翻譯。

「Google 翻譯」輸入中文
直接翻譯日文

「Google 翻譯」從相片中
自動辨識日文

「LINE 中日翻譯」

★ 肢體語言

　　肢體是最好的語言，比手畫腳常常相當地實用。像是點餐或買東西時，用手指著菜單上的餐點，數量不會說就用手指頭比，這樣也可以完成點餐。如果比手畫腳不行，拿出紙筆畫一畫也行。

心有餘力的話學一點簡單的日文

　　基本上，不懂日文的人在日本自助旅遊是不會有什麼大問題，就像上面說的，看看漢字、比手劃腳，加上簡單的英文單字或 OK、YES、NO 也可以達到初步的溝通效果。不過若可以知道一些自駕露營旅行常遇到的基本詞彙以及日文五十音，在旅行中會更加順利。

手機 App「五十音輕鬆學」

手機 App「五十音輕鬆學」
的平假名速查

「五十音輕鬆學」的片假
名速查

　　日本文字是由五十音及漢字組成的，日文漢字用語有些與我們常用的中文不太一樣，除了少部分漢字詞彙會有我們料想不到的意思外，大部分我們應該都能知道意思，五十音分成平假名及片假名，平假名常常用來表示日語中的固有詞彙及文法助詞，片假名大部分是用在外來語。自學五十音可以用手機 App「五十音輕鬆學」，這個是網紅日文教師推薦的 App，我自己用過覺得相當的適合初學者。

家中若有國中或國小的小朋友要同遊日本的話，不妨把五十音表給小朋友試看看，通常小朋友的記憶能力都比大人還要強，他們可能一下子就學會了，我與朋友都有同樣的經驗，在日本時小朋友很快的就把五十音文字唸了出來，意外的成為了小幫手。以下列出自駕露營旅遊常會用的日文（請先學會五十音）或日文漢字，記起來一定會有幫助：

日文	說明
キャンプ	Camp，露營
オートキャンプ	Auto camp（Automobile 簡稱 Auto），汽車露營
テント	Tent，帳篷
タープ	Tarp，天幕
サイト	Site，營位
芝生	草坪
フリーサイト	Free site，自由營位
砂利サイト	碎石營位
芝生サイト	草地營位
林間サイト	樹林營位
オートサイト	汽車營位
バンガロー	Bungalow，木屋（無配備）
ロッジ	Lodge，木屋（有配備）
ログハウス	Log house，木屋（有配備）
コテージ	Cottage，木屋（有配備）

日文	說明
乗り入れ	開車進去
ルート	Route，路線
ゲート	Gate，閘門
シャワー	Shower，淋浴
トイレ	Toilet，廁所
ゴミ	垃圾
生ゴミ	廚餘
持ち帰り	帶走（垃圾）
ランドリー	Laundry，洗衣店
コインランドリー	Coin laundry，投幣式洗衣機
レンタル	Rental，出租
スーパー	超市 Supermarket 簡稱 Super
コンビニ	便利商店 Convenience store 簡稱 Conveni
ホームセンター	Home Center，生活五金百貨或居家生活百貨
レストラン	Restaurant，餐廳
クレジットカード	Credit card，信用卡
ガソリンスタンド	Gasoline Stand，加油站
セルフ	Self，在加油站代表自助加油
レギュラー	Regular，在加油站代表一般汽油

日文	說明
ラーメン	拉麵
並盛、大盛、特盛	中碗、大碗、特大碗
替玉	加麵
焼鳥	烤雞
海老	蝦子
ビール	Beer，啤酒
支度、仕度	準備中
受付	接待櫃台
注文	點餐
旬	當季
放題	無限量
無料、有料	免費、要錢
両替	換錢
割引、二割引、三割引	打折、打八折、打七折
お得	划算
激安	廉價
税込、税拔	售價已含稅、未含稅
子供	小孩子
遠慮	請斟酌注意，看到這兩字代表有些事不能做

Part2

交通：機票、租車與駕車

機票預定

　　機票選擇不外乎傳統航空公司或是廉價航空公司，如果是要節省旅費搭乘廉價航空的話，通常半年之前就要注意優惠機票上架的時間，最好是先把一些廉航公司及廉航相關 FB 社團的粉絲專頁設為搶先看，隨時注意最新資訊，這樣就有機會搶到最優惠的機票。

　　廉價航空公司會設定某個優惠方案在某個時間開賣，時間一到網站上就會湧入許多搶票旅客，用來打廣告用的最便宜票價通常名額都很少。航空公司會設定某個航班的方案分為好幾種票價來銷售，而且每種票價都有固定名額，便宜的賣完之後就開賣價錢略高一級的機票，因此在官網上看到的價格會隨著訂票人數的增加而慢慢調漲，以我的自身經歷來說，預定一同去日本自駕露營的露友雖然是朋友也是伙伴，但在搶買廉航機票時同時也是競爭者，朋友先買到機票之後，把那個價錢的票都買完了，換成我要買比較貴的機票了。另外，廉價航空公司有可能不定時推出特價方案，這種方案的機票時間不見得可以配合大家可以出國的時間，所以也不容易事先擬定自駕露營的計畫。

　　透露一個廉價航空便宜搶票的小技巧，在網站購票時會輸入人數來試算費用時，以我們家 4 口來說，我們可能會分兩筆訂單（例如 2+2 人）及一筆訂單（4人）來試算費用，分兩筆訂單雖然比較麻煩，但有可能加總起來比一筆訂單便宜，因為如果那個等級的票價只剩 2 個名額，而我又一次預定 4 張機票，系統會自動把 4 張機票都以下一個價錢較高的等級計價。另外去程與回程的機票分開買，也有可能買到比較便宜的機票。

　　購買機票時另一個要注意的是所附行李重量，包括手提行李以及託運行李，尤其廉價航空對於每個人的託運行李上限較為嚴格，例如：虎航的免費行理託運重量是 20 公斤，樂桃航空某些機票方案的行李乃是另外付費。在訂票時要預先規劃去程及回程的行李重量，除了隨身用品放在手提行李之外，大部分的露營裝備以及衣物等都是整理到託運行李中，以一家四口來說建議託運行李總重量控制在

80 公斤以下（有經驗的日本自駕露營玩家常常會控制到 70 公斤，甚至是 60 公斤以下）；而回程因為通常會再購買日本名產回台灣，行李重量會再增加。如果回程時行李重量超過預定的額度是可以臨時購買的，只是其費用會比訂票時就先預購的價格還要貴。

廉價航空機票的優惠方案都有活動的期間或數量的限制，有時預定了某項不可取消的方案之後可能又會再推出更優惠的方案，或是同時間上網搶機票卻買得比別人貴，有的朋友可能會覺得可惜。其實，我認為只要買到的方案比原先最早設想的還要便宜就是有賺到了，真的要搶到最優惠的方案就要付出許多時間跟精力，這本來就不是人人都有這樣的條件跟機會的。

租車預定 🔧

日本的租車公司很多，如果要租到比較優惠的車子，通常前幾個月就要注意各家的優惠訊息，提早預約租車，如果下了飛機才到現場租車通常會昂貴許多。一般來說，租車只能選擇車輛的級別，不能指定廠牌及型號，租車商會根據庫存情況提供車輛，客戶要等到實際取車時才會知道廠牌和型號。預定租車前也要注意，有的預定是可以無償取消的，有的不行。有些租車公車營業據點會提供接泊服務，有必要時可以善加利用。

日本大大小小的租車公司有兩百家以上，全國性租車公司比較知名的商家像是：Orix、Times、Nippon、Nissan、Budget，日本全國各地都有服務據點，地區性租車公司僅在某些地區有服務據點，比較有規模的像是 OTS、Sky。全國性租車公司的制度比較完善，如果是要跨區域異地借、還車，主要選擇是全國性租車公司；地區性租車公司的價格比較靈活，會依淡旺季舉行各種優惠活動，有的小型地區性租車公司的價格甚至連大型連鎖租車公司的半價都不到，我們就曾經在沖繩租到一天費用不到 300 元台幣的車子。

租車可以透過租車公司的官網預定，另外也可以利用租車比價網，常用的比價網像是：Jalan、Rakuten、Tabirai。有些大型租車公司官網及租車比價網都有中文版的網站，依中文指示操作不難，但中文版網站與日文網站上搜尋到的租車資料常常是不同的，如果是要找到比較便宜的租車建議還是要利用日文版的網站。

租車比價網搜尋的資料是眾多租車公司的資料庫比價之後的結果，依價金排列搜尋結果可以挑選最便宜的租車，但用同樣的租車條件去該租車公司官網搜尋不見得找得到相同價金的租車，可見比價網與官網兩者的資料有時不是同步的。至於該從官網租車還是比價網租車，建議兩者都試試看，哪個便宜就租哪一家，但如果您經常有在日本租車的需求，加入某一會員（例如 Jalan 或 Rakuten）集中消費的回饋會更加優惠。另外，如果鎖定單一租車公司的官網隨時關注，比較有機會租到價錢低於比價網的車子，因為特殊的優惠活動不一定會在比價網找得到。另外，租車公司通常會因應季節推出早鳥優惠或其他優惠方案，想要租到便宜的車子最好在早一點就先開始關注租車方案，如果預定可以無償取消而且價錢可以接受就先預定，之後如果再推出比較優惠的方案的話，就可以考慮重新租車，再把之前的方案退掉。預定租車之後不需要事先付款，取車時再付款即可。

Note 預定車子如因故取消，需要再幾天前取消？
　　　　每一家租車公司規定不同，每個租車方案不同，租車前就要先看清楚。

如果想要借用 Expressway Pass 或 ETC 卡，可以在取車時提出申請需求，但由於數量有限有時會租不到。有一些租車公司網站會有租借 ETC 卡的選項，但大部分的是沒有，如果您想預約或許可以試著發送 email 提出預約需求。

★ 日本租車必備文件

在日本租車時，必需備齊「護照」、「台灣的駕照」、「駕照日文譯本」，三者缺一不可。有關「駕照日文譯本」請攜帶駕照正本及身分證正本至全國各公路監理單位申請辦理，費用台幣 100 元，另外公路總局亦開放申請人用自然人憑證或健保卡在監理服務網線上申請。駕照日文譯本有效期限與台灣駕照期限相同，同一張「駕照日文譯本」可重覆使用，其使用期限為每次入境的一年內有效，離境後再回到日本則重計一年有效期限。

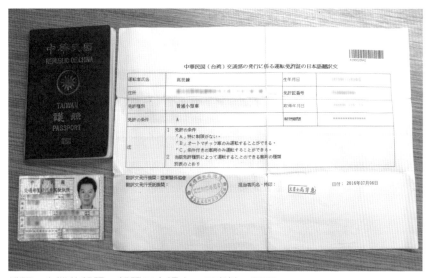

護照、台灣的駕照、駕照日文譯本，三者缺一不可

★ 日本車輛分級

車輛種類的大小與租金有關，租車網站會由小車開始排序到大車，不同租車網站的車輛分級會略有不同，但沒有差異很多，下一頁整理介紹幾種我們在日本自駕露營最常會租用到的車輛分級。

有些同一車種會有汽油車及油電混合車兩種選擇，油電混合車的油耗較低，但租車金額較高，依據我個人使用經驗，綜合油耗以及租金換算行駛成本之後，通常一般汽油車還是比較划算。

輕自動車

全長 3.4 公尺以下，全寬 1.48 公尺以下，排氣量 660CC 以下。雖然額定座位數是 4 人，但本種車輛空間較小，適合只有一、兩個人（含行李）自駕露營使用。

コンパクト（Compact，緊湊型轎車或小型自動車）

即為小型家用車，日本街上最常見的國民車種，全長 3.4~4.7 公尺，全寬 1.48~1.7 公尺，排氣量 660~2000CC。一般來說，如果沒有特別多的行李（80 公斤以下）或想要比較大的空間需求的話，一家四口在日本自駕露營採用這個等級的車種已經可以滿足基本需求。在租車網上，前面的輕自動車與コンパクト常會合併在同一個選項裡。

スタンダード（Standard）或ミドル（Middle）

標準車型或中間等級車型，即一般我們在台灣常見到的轎車車種，通常是 5 人座位。

RV、ミニバン（Minivan）或ワンボックス（One-Box）

類似我們的休旅車及廂型車，5 人座或 5 人以上座位，車子空間較大。這三個名詞在各租車網並沒有很明確的分界。

★ 日本租車保險

在日本租車時除了已經內含基本的強制保險之外，在租車網點選租車條件時會有免責補償保險（CWD）以及免責補償保險（NOC）的選項，簡單說明如下。

強制保險

根據日本法律，在道路上行駛的車輛都需要購買強制保險，租車時強制保險的保費已經包括在租車基本費用之內，不會單獨列出。事故發生時，強制保險賠償的對象包括：❶受害人的傷亡、❷同行乘客的傷亡、❸第三者的財物損失、❹出租車輛的損失等，使他人受傷或財物損失時所發生的大部分費用均可賠償，但駕駛人仍需自行負擔免責金額（一般來說最高 10 萬日元，特殊車種會提高）及營業補償費（一般來說最高 2~5 萬日元，仍需依車種而定）。如果發生意外時沒有報警處理或是違反交通規則的情況下則是無法受保。

免責補償保險（CDW，Collision Damage Waiver）

租車時雖然已有強制保險，但當車輛發生事故時，仍可能要負擔免責金額最高 10 萬日元（賠償第三者之財物、所租用的車輛），購買 CDW 後，當發生交通意外時肇事駕駛者就可免除自負額的負擔。CDW 費用通常以 24 小時為單位計算，不足 24 小時亦以 24 小時計，大部份租車公司一般小型車種每 24 小時保費是 1,080 日元，大型車會貴一點。如果發生意外時沒有報警處理或是違反交通規則的情況下則是無法受保。本項保險為非強制性加保。

營業損失賠償保險（NOC，Non Operation Charge）

租車時雖然已有強制保險，但當車輛發生事故時，需負擔租車商的營業損失，最高 2~5 萬日元（車輛可駛回 2 萬日元，車輛無法駛回 5 萬日元），購買 NOC 保險後，當發生交通意外時就不必負擔租車商的營業損失。每一家租車公司的 NOC 保險方案名稱會有點不同，並可能包含其他補償方案，例如 Orix 的方案叫做「レンタカー安心パック（RAP）」，包括 NOC 以及更換和修理車胎的補償方案。NOC 保險費用通常以 24 小時為單位計算，不足 24 小時亦以 24 小時計，單純 NOC 保險的計價每 24 小時保費大約是 540 日元，如果合併其他補償方案則費用會高一些。本項保險為非強制性加保。

上面三種保險除了「強制保險」是租車時已強制加保內含之外，CDW 及 NOC 為非強制性，由租車者自由決定是否加保。另外，有的租車方案會比較便宜，但會要求加保 CDW 及 NOC 後訂單才會成立，訂車時記得詳閱附加條件。

至於我們在日本租車時是否建議要加保 CDW 及 NOC，此乃見人見智之問題，並沒有標準答案，大部份的人認為出門在外人生地不熟，有加保有保障，少部分的人認為小心開車就可把風險控制在一定範圍，不一定要加保 CDW 及 NOC，因此請依自身需求考量是否加買保險，若沒有特別的想法或是開車經驗比較不足，建議還是加保為宜。

倒車時不小心撞凹後車門，因未加保 NOC，賠償租車公司 20000 日元營業損失

★ Orix 租車官網操作範例 🔧

Orix 租車的日本網址是 http://car.orix.co.jp/，建議不要用中文網頁（http://car.orix.co.jp/tw/），中文網頁會租到比較貴的車。進入網頁後請先註冊帳號，第二個欄位要輸入姓名唸法的片假名，如果不會寫可以用「Name 變換君」這個網站（http://namehenkan.com/tw）把姓字改寫成片假名，註冊時需填入地址，這時只能選擇一個日本當地的飯店當成自己日本住所，或是借用在日本的友人地址。另一個註冊方法是先跳到中文版網頁，依指示流程註冊（對不懂日文的人可能比較方便），實際租車時再選用日文版網頁。

輸入姓名唸法的片假名

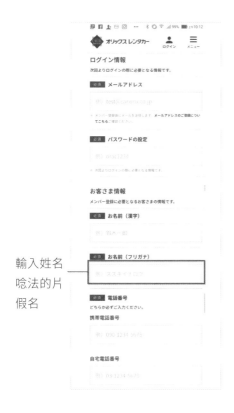

地址先填寫自己要住的日本當地的飯店，或是借用在日本的友人地址

必需勾選同意會員規約才能
確認註冊

也可以用中文版網頁註冊，對不懂日文的
人可能比較方便（http://car.orix.co.jp/tw/
prereg）

接下來教大家如何租車並使用優惠券，進入網頁登入後，先點選「キャンペー
ン」（優惠活動），選擇要去的地方後，出現許多優惠券，找一下有沒有適合的
方案，可以點進去看看租車費用，可以的話點選下方預約，選擇出發的都道府縣、
區域以及出發的店鋪，選擇出發的時期及時間，再來查看車型，選擇預約後有費
用明細，在這裡可以選擇要不要加入免責險（CDW）或安心險（RAP），或是兒
童安全座椅、機場接送等，然後檢視租車內容，再依系統流程按下確認預約即可
完成，然後您會收到預約的 email，取車時請告知 email 上的訂單號碼。

點選「キャン_
ペーン」（優
惠活動

登入或註
冊會員

Orix 租車日文版首頁

各種優惠活動

不同車型、不同出發日期會
有不同的價格，點選預約

選擇出發的都道府縣、區域
以及出發的店鋪，選擇出發
的時期及時間

查看車型，選擇預約

選擇要不要加入免責險
（CDW）或安心險（RAP），
或是兒童安全座椅

全部費用名細（包括租車費及
保險費），按下決定這輛車

尚未登入系統者，必需要先
按「ログイン」登入帳號

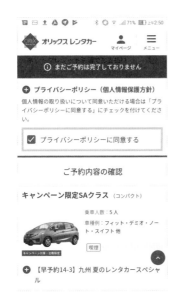

最終內容確認 / 必需勾選個人穩私政策，確認預約，然後您會收到預約的 email

⭐ Jalan 租車比價網操作範例

Jalan 是一個日本的綜合性入口網站，服務內容包括：飯店、機票、車票、旅遊券、租車……等，這裡示範如何利用 Jalan 來租車。Jalan 也有附中文網頁，但其功能不及日文原版網頁，中文網頁甚至只剩下預定飯店的功能，因此我們要用日文版來操作。

使用 Jalan 前請先註冊帳號（流程可參考前面 Orix 帳號註冊，基本上大同小異），註冊完畢先登入，進入「レンタカー」（租車），畫面中先找到クーポン（優惠券），請找看看有沒有時間及地區剛好可以配合的優惠券，點選後優惠券就註記在你的帳號中了。再來是選取租車的時間及地區，以及租車與還車的地點、車輛級別等，篩選資料後可選擇依費用來排序，排序後通常我們會從最便宜的開始檢視細部內容，這時要注意試算出來的租車費用有沒有包括保險費，是否點選使用優惠券的選項，該租車方案是否可以免費取消，另外要注意少數的租車方案會強制加買 CDW 或 NOC 保險，確認後按下預約即可完成，然後您會收到預約的 email，取車時請告知 email 上的訂單號碼。

登入或註
冊會員

首先點選
「レンタ
カー」
（租車）

找到クー
ポン（優
惠券）

Jalan 日文版

Jalan 各種優惠券，請找看
看有沒有時間及地區剛好可
以配合

如果尚未登入系統，系統會
要求要登入

也可以
另選車
輛級別

選取租車的時間及地區，以
及租車與還車的地點

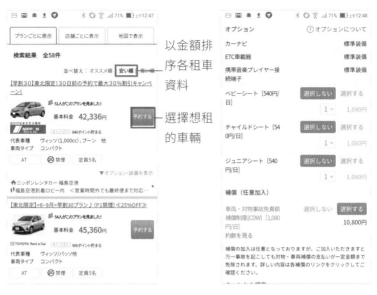

以金額排序各租車資料

選擇想租的車輛

選擇兒童座椅及保險

查看取消的規定

確認後按下預約即可完成，然後您會收到預約的 email

關於駕車

★ 取車

取車時租車商會有一些的必要行政流程：核對駕照及身分、再次確認是否買 CDW 保險或 NOC 保險、簽約、付費交易、交通規則解說、加油解說、檢查車輛……等，過程大約 15~30 分鐘不等。檢查車輛時接待人員會把車子的基本性能以及原有的外觀缺陷巡查一遍，記錄後交給顧客簽名，由於每個接待人員檢查車輛的仔細程度不同，在取到車之後強烈建議先將車子四周外觀先行拍照，尤其有刮痕或凹陷的地方要拍攝清楚，避免將來還車時有不必要的爭議。

取車後、上路之前，建議將儀表板上的里程數拍照或記錄起來，以供還車時做為比對。取到車時，車裡的油箱是加滿的狀態，所以未來還車時也必需把油先加滿。

租賃契約書

租車日常檢查表

取車時拍攝儀表板上的里程數，注意下方油表是加滿的狀態

★ 行李裝車

如果您租用的是大車，通常不會有行李放不下的問題，但如果租用的是コンパクト（Compact，緊湊型轎車或小型自動車）等級的車，因為後車箱的空間沒有非常大，那就要仔細的安排你的露營裝備了。其實在還沒有出國之前，就要先考慮好你的行李要怎麼裝箱、裝袋，尤其是越大的行李越需要軟質的行李箱或裝備

袋，到了日本才能直接搬上車而不需要大費周章重新整理，行李打包請見後面章節介紹。

　　照片是我們去日本自駕露營時實際行李裝車的情況，放行李時先將最大的大裝備袋或行李直立放置，其他的中、小行李箱再依序放置，這樣行李可以裝的比較緊實，但有可能你的大裝備袋太長沒法直立進入，如果你是用軟質的行李箱或裝備袋就可以試著塞看看，或是請把少部份裝備袋裡的東西拿出來，填放在零星的空間中。另外有些手提的小東西可以放在後座兩人的中間，以及前座椅子的下方，充份利用車內空間應可就可以把所有東西都搬上車。另外在堆疊行李時也要注意，避免剎車時後車箱的行李滑到前方影響安全。

　　行李裝車後有時會發現車內後照鏡被行李擋住無法看到後方，雖然日本的交通法規並沒有規定車內後照鏡必需通視（但有規定必需有車外後照鏡才能開車），但仍應該小心駕駛。

行李裝車
（TOYOTA AQUA）　　　行李裝車
（TOYOTA VITZ）　　　行李裝車
（HONDA FIT）

★ 右駕新手上路

　　日本與台灣不同的是日本靠左行駛，車子的駕駛座在右邊，腳下油門及剎車的位置與台灣一樣，而方向燈及雨刷的位置則與台灣左右相反（日本方向燈在右而雨刷在左）。實際上路之後會發現日本的右駕其實很容易習慣，還沒習慣之前只要開慢一點跟著前方的車就不會出錯了，容易會弄錯的是方向燈及雨刷，雖然打錯會出糗，但還不致於有危險，立即修正回來即可。

除了上述左駕與右駕的不同之外，日本的交通規則與號誌大致上與台灣相同，以下提醒幾個需要注意的小地方。日本駕車以靠左車道為準，當同一向車道為 2 線道或於可轉彎處右側新增車道時，右車道是預定右彎的待轉車道，因此一般直行車請行駛於左車道。右轉車需等待對向直行車輛通過後再行右轉，而在十字路口的紅綠燈下方如果向右轉的綠色箭頭燈號亮起，即使紅綠燈是黃色或紅色，車輛仍可依指示右轉。車道中間如果看到單黃線代表禁止超車或迴轉，相當於台灣的雙黃線。

　　另外，日本有一個特有的交通標誌，倒三角型上寫著「止まれ」，或是將「止まれ」直接寫在交叉路口的地上，這表示停止再開的意思，必須於停止線前完全剎車停止，左右確認無來車後才可以繼續前進，日本的「止まれ」交通標誌隨處可見，敬請嚴格遵守。

「止まれ」交通標誌

直接寫在交叉路口地上的「止まれ」

單黃線代表禁止超車或迴轉

右側新增車道（預定右彎的待轉車道）

向右轉的綠色箭頭燈號亮起，即使是紅燈，車輛仍可依指示右轉

★ 導航的使用

開車時導航可以使用手機的 Google Map 或導航 App 或是車上所附的導航機，兩者各有優缺點。

手機導航

優點：操作使用較熟悉、預估開車時間準確

缺點：耗手機電量、耗網路用量、不易架設在車上

車上導航機

優點：導航指示明確、固定在車上較為安全、不耗手機電量、不耗網路用量

缺點：預估開車時間不準確（比實際時間還久）、新設道路圖資未更新（導航機沒有新設道路）

如果你要去的地方比較遠，建議可用手機導航估計到達時間，再依個人喜好直接採用手機導航或車上導航機。另外，手機導航 App（例如：Google Map）需要網路連線，因此其圖資是最新的，有機會帶你走新路而較早到達。不管你是用手機導航 App 或是車上導航機，都可以設定導航路線是否要避開收費道路。

因為大部分的人對自己的手機導航 App 都很熟悉了，以下簡單介紹導航機的使用方法。每一家租車公司都有自己的導航機系統，介面雖然不完全一樣，但操作方法大同小異。使用前可以先切換到中文介面（中文語音），輸入目的地的電話

或 Map Code，系統檢索到地點後請設為目
的地，然後會出現數條導路線，此時可以
再細部選擇是否要避開收費道路或其他行
車條件，確認之後即可開始導航。

　上面提到的目的地電話可以用 Google 去
找，你也可以利用 Mapion 網站（http://
www.mapion.co.jp/）去搜尋 Map Code
或電話。注意：很多導航機基於安全的理
由，您必須要在車子停止的狀態下才能進
行檢索。

車上導航機

選擇輸入方式

輸入目的地電話

找到之後，設為目的地

選擇路線，開始導航

（照片郭致均先生提供）

★ 停車

　　一般來說景點、餐廳或賣店大多會附有停車場，大部分的餐廳或賣店會要求有消費才能停車，到市區觀光時則需要停在收費停車場或路邊收費停車格。

　　停車場的收費會因時段而有所不同，即使在同一個地區可能也會有所不同，有時只差一兩條街就會有很大的差異，可以用ロケスマ手機 App（後面會介紹）找尋附近的停車場，並查看收費方式。收費停車場大多設有自動結帳的機器，並且以收現金為主。常見的收費停車場有「擋板式」及「柵欄式」兩種，擋板式是指停好車之後，車子下方升起擋板阻止車輛移動，離開時在結帳機器輸入停車格號碼，付費後解除擋板；柵欄式是指進出停車場都是由柵欄管制，入場時在門口抽票卡，柵欄升起即可進入停車，離場時開至門口插入票卡及結算金額，柵欄升起即可離開。而路邊收費停車格皆為公家經營，可以在附近找到自助投幣的機器。

　　參加大型的祭典或活動通常一位難求，公家單位則視情況會規劃臨時停車場，但也經常爆滿。另外一種可能是路邊停車，日本的都市中心原則上是不能路邊停車的，因此很多日本當地人會將車輛停放在比較周邊的空地或沒有私人建築的路邊，但需要走一段路才能到參加活動的地方，或許有些人會選擇跟著日本人一起路邊停車，但通常我們外地人並不了解實際情況是如何，因此也可能會有吃上罰單的風險。

擋板式收費停車場，停車格下方綠色擋板可升起阻擋車輛移動

柵欄式收費停車場，入場時在門口抽票卡，離場在門口結算

車邊收費停車格，10:00~
20:00 之間停車要付費

車邊收費停車繳費機

車邊停車繳費後，把票卡夾
在車前

★ 行駛收費自動車道

　一般來說進入自動車道入口匝道不遠處即為收費口，如果您在租車時有向租車公司申請租用 ETC 或 Expressway Pass，行駛自動車道過收費站時請記得走ETC 通道；一般未租用 ECT 的車輛請行駛人工收費通道。使用人工收費時在通道入口處先抽取票卡，等到下交流道時會有另一個一般（人工收費）通道，暫停後把票卡交給服務人員處理，前方看板會顯示通行費用，您可以選擇現金或信用卡交易。至於通行費用的試算可以使用 NAVITIME 網站，請參見後面章節的說明。

行駛一般（人工收費）通道

人工收費

票卡交給服務人員，前方看板會顯示通行
費用

★ 車輛加油

　　加油站有人工加油及自助加油兩種，而且是全站都是人工加油，或全站都是自助加油。人工加油與台灣相同，請跟服務人員說レギュラー（唸 Le-Gyu-La，就是 Regular 一般汽油）、Fu-Lu（就是 Full，加滿）、Cash（現金）或カード（唸 Ka-Do，就是 Card 信用卡），加好油付錢完成。另外，人工加油時也可以把車上的垃圾交給加油人員詢問是否可以代為處理。

　　自助加油站會有大大的招牌寫著「セルフ」（就是 Self），每一家自助加油站的操作介面不同，但大同小異，操作時付款方式請選擇現金，再來是油種（通常是レギュラー，但租車時一定要確認車子是用什麼油種，千萬不要加錯），再來給油方法請選加滿（満タン）或加油金額（2000 円、3000 円……），入金請投入紙鈔或硬幣，多投錢沒有關係，最後系統會找錢給你，大部份的系統會顯示你投入的金額可加多少油量，再來依畫面指示方法自行加油，加滿油了或是錢用完了油槍會自動停止，掛回油槍後加油機會吐出一張結算單，如果需要找錢請到加油站內另外一台「精算機」，讓機器掃描結算單上的條碼，精算機會自動找錢給你。

　　有些租車公司會要求還車時附上加滿油的證明，人工加油時直接跟加油站員工索取，而在自助加油站也會有駐點員工，把你的單據拿給員工他會幫你填寫。

選擇現金加油

油種選擇中間紅色レギュラー以及金額指定

選擇加油金額 2000 円後，投入現金

指定金額 2000 円，已投入現金 5000 円

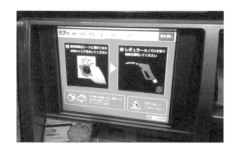

提醒消除靜電以及用紅色加油槍

加油完成後，顯示加油金額以及給油量

加油機吐出結算單

在精算機上掃描結算單，精算機會自動找錢

　　另外，日本的油品價格變化大，同時間在同一條路上可能就有會三、四種不同價格，每公升價差超過 10 元日幣以上是常見的事，不同的地區的價差可能會超過 20 元日幣，因此在開車的途中看到加油站的掛牌價格時就可以事先多多觀察比較。如果臨時要找加油站，可以用ロケスマ手機 App（後面會介紹）找尋。

★ 還車

　　在還車時需要把油事先加滿，如果您是約定早上八、九點的時間還車，那就有可能臨時找不到開始營業的加油站而導致無油可加，這時如果直接還車的話，只要告知油未加滿，租車公司會加收一筆油資，雖然會比自己加油貴一點，但可以省去不少麻煩。

　　還車時會有專門的接待人員，大部分都不太會仔細檢查車輛外觀，但會仔細查看有沒有遺留客人的行李，另外如果有遺留垃圾（ゴミ，唸 Go-Mi）可以主動告知，請他們處理。還車時大部分都會主動用英文詢問是否需要接送機場，如果您要請他們接送到其他的地方（例如：港口、車站）也可以主動告知。

　　還車時，建議將儀表板上的里程數拍照或記錄起來，再與取車時的記錄比對，就可以知道這次的旅程總共駕駛多少公里。

還車時拍攝儀表板上的里程數，下方油表
顯示加滿油之後才還車

★ 萬一發生事故

出門在外，沒有人會希望出現麻煩的，但萬一行車發生事故，如果有人受傷請先叫救護車（手機直撥 119），再來打電話回到租車公司（取車時給的緊急電話）以及報警（手機直撥 110）。打給租車公司時可以跟日本人說「Chinese, Please」，請他們找會中文的人協助，租車公司會先了解情況，然後協助你處理，以及聯絡保險公司到場，當然租車公司也會問你是否報警了。警察到場會進行事故釐清並製作筆錄，而相關的保險也必需要有警方的交通事故證明才會獲得理賠。

如果您的手機已經開通國際漫遊，因為在日本境內已經自行切換成當地的電信業者，播打租車公司電話時直接播號即可，不需要另加日本國碼。

自動車道

★ 自動車道收費高昂

日本的高速公路通常因路線狀況不同可稱為「自動車道」或「高速道路」，最常見的名稱還是「自動車道」，英文為 Expressway（EXPWY），有時我們要節省時間可能就需要開車上收費高昂的自動車道。近幾年在日本政府主導下，經營自動車道主要整併為三家 NEXCO 公司：東日本高速公路（NEXCO 東日本）、中日本高速公路（NEXCO 中日本）和西日本高速公路（NEXCO 西日本），其他的經營單位還有：首都高速道路株式會社、阪神高速株式會社、本州四國聯絡高速道路株式會社。

行駛在自動車道上有幾個重要的英文縮寫必需要知道：IC 指的是交流道；PA 指的休息站，通常每 15 公里設置一座（北海道為 25 公里），有停車場、廁所、販賣機；SA 指的是服務區，通常每 50 公里設置一座（北海道為 80 公里），有停車場、廁所、販賣機、商店、餐廳、加油站等。

　　相較於台灣的高速公路來說，日本的自動車道常常有新建中的路線，路線分布也複雜得多，自動車道路線可以參考以日本國土交通省、NEXCO 網站、NAVITIME 網站，其中個人最為推薦 NAVITIME 網站，相關網址請見附錄。

　　自動車道收費相當昂貴，舉例來說，一般小轎車從山陽地區的廣島行駛到山陰地區的松江約 177 公里左右的路程，其中約有 70 公里是免費的一般道路，其餘107 公里是收費的自動車道，不使用 ETC 的情況下共計要花費 3410 日元，大約是台幣 1000 元。自動車道實際的使用費率因車輛類型、時段和路段有所不同，三家 NEXCO 管轄的路段收費水平也不相同。

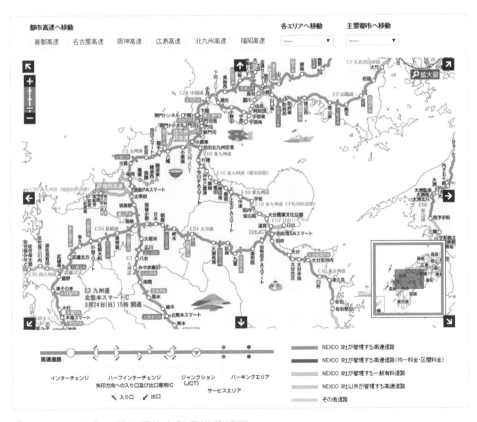

「NEXCO 西日本」網站裡的自動車道路線圖

★ 自動車道通行費用試算 🔧

　日本自動車道的使用費建議用 NAVITIME 網站來計算（網址：https://www.navitime.co.jp/maps/routeSearch），使用方式介紹如下。進網站之後在左側的資料輸入區選取上方的「車ルート」（行車路線的意思），接著輸入出發地及目的地，再按下「ルート検索」（路線檢索）就會出現導航結果以及行車費用。上述的地點輸入方法有兩種：第一種是直接在右側地圖上找到你的地點，按右鍵設定為出發地或目的地；第二種方法是在左邊出發欄位或目的欄位直接輸入地點文字，點選搜尋之後下方會出現相關地名可供選擇，點選地名後右側地圖會出現實際位置可供確認。如果路途中間要經過其他地點，可點選「経由地を追加」來設定一個以上的中間地點。

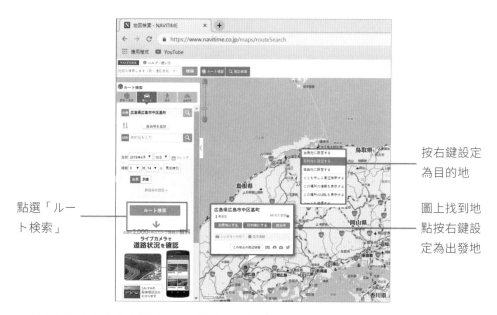

點選「ルート検索」

按右鍵設定為目的地

圖上找到地點按右鍵設定為出發地

　檢索結果會有幾項訊息：行駛時間、行駛里程、行車費用、預估油耗。右邊畫面是地圖上的行駛路線，藍色代表收費路線，綠色代表免費路線。左側的檢索結果也可以切換成其他的模式，比方說想節省行車費時可點選「無料道路優先」模式，就會優先安排避走自動車動的免費行車路線，當然這時候行駛時間、行駛里程、行車費用就會有不同的結果。點選「料金」旁邊的詳細會出現行車費用的詳細計算過程。

有料道路優先
選項

行駛時間、行
駛里程、行車
費用、預估油
耗

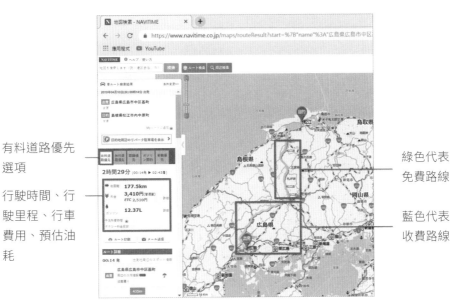

綠色代表
免費路線

藍色代表
收費路線

無料道路優先
選項

行駛時間、行
駛里程、行車
費用、預估油
耗

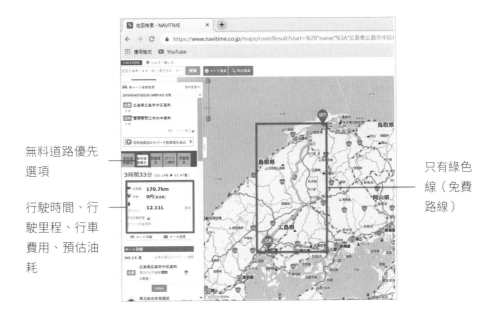

只有綠色
線（免費
路線）

ECT 與 Expressway Pass

★ ETC 通行方便

ETC（Electronic Toll Collection）是自動車道的電子收費系統，如果車輛安裝了 ETC 設備就可以通過 ETC 通道並且直接以電子收費系統支付通行費。使用 ETC 的優點：

不懂日文也能安心

使用 ETC 不需要為了支付通行費而在收費站停車，不懂日文的外國旅客也不會有語言差異的壓力，可以輕鬆使用。

支付方便

不需要在人工收費通道停車取票及使用現金或信用卡付款，使用方便。

享有折扣

使用 ETC 在某些時段享有折扣，例如星期六、日和公眾假期以及深夜（零晨 12 點至 4 點）會有 30% 折扣，某些流量較少的平日也可能會有折扣。

ETC 卡的租金需外加，使用途中不可延長預定使用時間，依各車商規定不同，異地還車有時候無法租用 ETC。

⭐ Expressway Pass 通行方便更節省

Expressway Pass 也是 ETC 的一種，是專門提供給外國人優惠通的行方案。日本三家 NEXCO 公司都有與租車公司合作，推出了各地區的 Expressway Pass，可以固定金額、不限里程的方式在自動車道暢行無阻。使用 Pass 的優點是租用期間內可在限定區域自由通行，即使多次利用高速公路也只收取固定金額。

如果旅遊路線需要一直利用到自動車道，那就會有用到 Expressway Pass 的需求，目前日本各地區已經推出的方案列在下方，相關網址請參見附錄。

定額服務地區	縮寫與全名
北海道地區	HEP（Hokkaido Expressway Pass）
東北地區	TEP（Tohoku Expressway Pass）
中部地區	CEP（Central Nippon Expressway Pass）
山陰、瀨戶內、四國地區	SEP（San'in-Setouchi-Shikoku Expressway Pass）
九州地區	KEP（Kyushu Expressway Pass）

每一種 Pass 的租用細節可以進入網站詳閱，因為這是針對外國人的服務，所以都有中文網站。各種 Pass 的使用方式及注意事項大同小異，至少需租用 2~3 天以上，最多可租用 14 天，而且租越久單日換算下來的平均金額越划算，如果車輛行駛超出服務的地區之外的話（比方租用東北地區 TEP 卻行駛到中部地區），就會被收取額外的費用，而租車起算日通常就是 Pass 起算日。租用前先查詢租車服務商有沒有提供加購所要的 Pass 服務，預定租車時就同時跟租車商預定 Pass 以免到時缺貨，租車當天服務人員會幫您設定好 ETC 卡。行駛自動車道過收費站時請記得走 ETC 通道，走了一般通道是要人工付費的。

　　使用 Expressway Pass 因為金額固定，多加行駛自動車道是可以節省不少時間，但如果預定的旅程是以節省費用為主，那就要先試算一下不租用 Pass 時的通行費用，再與 Pass 的租用費互相比較是否比較划算。

　　Note 日本自動車道限速大部分在在 80~100km/hr，上路後請留意指標。

Part3

露營場地

日本露營區的類型及營位的種類

　　日本的露營區類型以是否收費來分的話可分為收費營地及免費營地，免費營地常常是政府公營露營地。以露營區的等級來分的話分為一般露營區（キャンプ場）及汽車露營區（オートキャンプ場），汽車露營區除了一般露營區會有的設備之外，另設有汽車專用營位，汽車營位通常另附水電，收費較為高昂。

　　日本的露營場地內的營位種類大致可分為三種：無電的自由營位、無電的劃分營位、有電的劃分營位。自由營位不劃分位置，大多是一大片草地或樹林，露友自己找喜歡的位置搭帳，車子需停在停車場不得駛入，自由無電營位如果停車場離營位較遠的話，營地就會提供手推車讓我們搬運裝備；劃分營位指的是有劃定固定位置並給予編號的營位，且通常是附有車位的汽車營位。一般的私人經營露營地內大部分都同時會設置無電自由營位以及劃分營位，少數的露營地才會只設置單一種類的營位。無電自由營位大多數的價位大約在 500~1500 日幣，相當便宜；有電營位的費用則高昂許多，每個營地訂定的價位不同，差距頗大。日本也有很多的免費露營區，其營位種類 大多數是無電自由營位，這種露營區都是公家經營的。

❶ 無電的劃分營位，附停車位 ❷ 小朋友幫忙用手推車搬運裝備 ❸ 有電的劃分營位 ❹
無電自由營位（樹林）及手推車 ❺ 手推車及露營裝備 ❻ 手推車

管理棟外観

日本露營區的設施

★ 管理棟、炊事棟

　　管理棟是管理員的辦公室，露營受付的地方，付費露營區一定有管理棟，即使是免費露營區也通常設有管理棟。有的管理棟會設有販賣部、自動販賣機、器材租借、交誼廳。露營區也會設有炊事棟（炊事場），炊事棟裡有水槽及準備食材的枱面，有的炊事棟會有桌椅，大多附有照明設備，少數會有公用的插座。使用無電自由營位的人要在炊事棟用水及準備食材，炊事棟晚上會有統一熄燈時間，大多是晚上十點。

❶ 炊事棟外觀 ❷ 管理棟附設交誼廳及販賣部 ❸ 炊事棟內有水槽、烤肉枱及桌面 ❹ 管理棟租借遊樂器材 ❺ 管理棟販賣露營用品

★ 洗澡

　　日本露營場大約只有 50~60% 有附洗澡設施，其餘的要自己去附近找地方泡湯。日本露營場的洗澡設施主要有三種：投幣式淋浴、淋浴澡堂、溫泉泡湯，大部分以投幣式淋浴為主。

❶ 獨立的淋浴間　❷ 投幣式淋浴，空間不大

★ 洗衣、烘衣

　　有一些露營區會設置投幣式洗衣機及烘衣機，少數的露營區提供的是免費的洗衣機及烘衣機。

投幣式洗衣機及烘衣機

★ 木屋

　除了帳篷營位之外，比較大的露營區常常會設有木屋，日文名稱有幾種說法：バンガロー（Bungalow）、ロッジ（Lodge）、ログハウス（Log house）、コテージ（Cottage），雖然有四種說法，但其實大概只有兩種類型。第一種是無配備的簡易空木屋，所以沒有廁所及浴室，也不會附寢具（或是需要另外租），要自備睡墊、枕頭、睡袋……等，這種木屋相當於是一個搭好的固定式帳篷，價格親民，是下雨時的良好備案。與空木屋相似的是搭好的固定式帳篷，同樣也不會附寢具。第二種是屬於有配備的木屋，可能會附有插座、廁所、廚房，或有隔間或分區，或附上寢具及炊具，有時候設施等級很高檔。在日本的知名露營區檢網站なっぷ的說明中，「バンガロー」指的是無配備的簡易空木屋，「ロッジ」、「ログハウス」、「コテージ」大致上指的是有配備的木屋，但依我個人在日本露營的經驗，這四個名詞的分類沒有很明確，會依各露營場命名喜好而有所不同。

　Note 日本電壓為 100 伏特，電流頻率分為 50Hz 及 60Hz，原則上台灣的電器是可使用。

❶ 簡易空木屋 ❷ 有配備的木屋 ❸ 簡易空木屋 ❹ 木屋裡的廚房設備（有配備的木屋）

★ 遊樂設施

比較大的露營區很多都會附有遊樂設施，像是大型溜滑梯、森林遊樂設施、彈跳床、室內遊樂設施，有的甚至還有小狗專用的訓練遊樂場。依營地規定不同，有些營地將設施使用費含在營地費用裡，有些營地要求需要額外付出設施使用費。

❶ 大型溜滑梯（青森縣つがる地球村キャンプ場）❷ 室內遊樂設施（北海道札幌鈴蘭丘陵公園）❸ 森林遊樂設施（北海道小樽自然の村 キャンプ場）❹ 小狗專用訓練遊樂場（島根縣三瓶山北の原キャンプ場）

★ 資源回收

大部分露營區沒有資源回收場及垃圾桶，規定垃圾必須帶走，有些則會額外收取垃圾處理費，營地裡的資源回收分類比台灣還要嚴格的多。

日本與台灣露營區的差別

★ 營地接待時間及門禁

　　除了少數無人駐守的免費露營區之外，日本的露營區大部分都是有接待（受付時間），有的還會有門禁。受付時間每個營地都不相同，大多會訂在中午過後至傍晚下班前，有的營地晚上會有門禁管制，太晚回到營到的結果就是車子被擋在大門外面，台灣人露營喜歡早衝、夜衝的習慣到了日本就要配合調整一下了。

★ 營地並非全年無休

　　因為日本冬天很多地方會下雪，大部分營地在冬天會關閉露營場，有的甚至會變成滑雪場，日本比較南部的地方像是沖繩或九州在冬天不太下雪，仍有一些露營場是全年開放的，露營區在冬天關閉時間可以在官網上查得到。此外，有少數的營地會訂每週的哪一天是定休日，要去之前最好先了解以免撲空。

這個露營場只有 5 月 1 日~10 月底期間有開放，週四及週五為定休日（但遇公眾假期有開放），異常天氣關閉

★ 晚上找不到管理員

在台灣，露營區管理員晚上通常會駐守，以便隨時服務露友；在日本，露營區管理員晚上是有下班時間的，大部分都不會留在營地裡面，但會留下附近派出所的電話以應付萬一發生的緊急事故。不過仍然會有例外，曾在沖繩縣露營時，管理員因為當天有台灣及韓國的露友特地留下來駐守；某次在鳥取縣露營，當晚只有我們一組露營客人，或許我們是外國人的關係，雖然管理員本身住在離營地十幾公里的市區，但仍把全家大小都帶去管理棟駐守一晚陪伴我們。

★ 日本人的露營習慣

台灣人喜歡熱鬧，常常會在露營區開趴聊天喝酒直到深夜。日本人露營時大多十分安靜，深怕麻煩到別人，也大多早早就寢早早起床，但日本人露營也會開趴，只不過都會刻意壓音量，有時不小心眼光與他們對到，他們會誤會自己是否吵到別人而點頭抱歉。日本人露營時非常喜歡升火取暖及 BBQ，放眼望去幾乎帳帳都有營火，所以管理棟常會有焚火台及薪（乾柴）的租賃及出售。

★ 烏鴉

日本的烏鴉非常多，樹林越茂密的地方烏鴉越喜歡，烏鴉常常會叫一整天，尤其高緯度地區的夏天日出很早，常常四點多天一亮烏鴉就開始擾人清夢。有的地方烏鴉也會飛下來搶奪人類的食物，或是亂翻垃圾找食物，有烏鴉的地方請記得要把食物收好。

★ 日歸露營與宿泊露營

　　在台灣的露營通常是有過夜的，但在日本，有所謂的日歸露營（デイキャン
プ），指的是白天在露營地搭起客廳帳，享受升火、烤肉、野餐或其他的休閒活
動，傍晚前收拾離開營地；而宿泊露營就是指有過夜的露營。日本的露營地會把
日歸露營與宿泊露營分的很清楚，收費也不一樣，日歸露營大致上就是宿泊露營
的半價。有少數的營地會分時段收客，上午至下午時段只收日歸露營，下午至隔
天上午只收宿泊露營，甚至還有些少數營地只做日歸露營的生意。

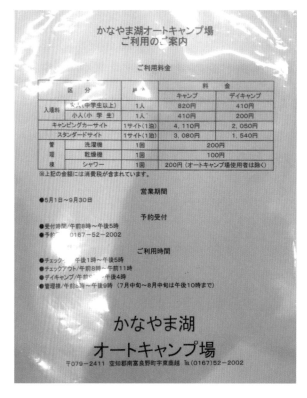

露營場的收費有分為日歸露營
（デイキャンプ）與宿泊露營
（キャンプ）

★ 使用者付費的觀念

近年來台灣露營風氣盛行，相對於國外（尤其是日本、北歐、西歐、北美）來說，台灣的露營文化還是年輕的，其中最大的文化差異之一就是使用者付費的觀念了。由於消費習慣的關係，在台灣的露營費用是包含所有營地設施的使用費，像是用電、洗澡、遊具、資源回收、垃圾處理、水槽很近。在日本露營，有電營位與無電營位是不同的價格，因為氣候寒冷的關係，日本人露營時不見得會洗澡，或是附近就可以找得到泡湯或公共浴室，所以在營地洗澡淋浴是需要額外付費的，汽車營位（車子可停帳蓬旁）也比自由營位（車子需放在停車場）費用還要高，還有垃圾處理常常是需另付處理費，不收處理費的就會要求露客把垃圾帶走，自由營位旁邊不會有水槽，要到炊事棟裡用水，以上所談的其實就是使用者付費的觀念，也因為使用者付費的關係，在日本露營如選擇的是無電的自由營位，露營費用也都比台灣便宜的多。

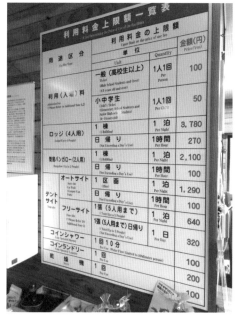

日本露營場是依據不同的使用項目來收費，也就是使用者付費的觀念

四國愛媛縣來島海峽大橋下野營
（照片 Darren Teng 提供）

日本可否隨處野營？

有的朋友是騎單車或重機玩遍日本，因行程的關係可能就會有隨處野營的需要，或是臨時無法趕到預定的露營區也可能有野營的機會。日本的森林公園沒有明文規定禁止野營，但禁止「持續佔用」，持續佔用的露營行為將導致他人不能使用，而國立公園內完全禁止搭帳篷。另外，法律上雖然沒有禁止在公園內野營，但公園的管理人員有權力可以決定是否可以搭帳，但並不代表所有公園都是禁止搭設帳篷。

在日本公園內野營只要遵守「無痕山林」原則（Leave No Trace，簡稱 LNT），這種行為是默許的。我的朋友 Darren Teng，在日本由九州到北海道騎單車自助旅行兩個多月，沿途上經常野營，有時晚上警察巡邏車經過帳篷旁邊，也沒有驅趕行為，有時還有附近日本民眾跟他們問候與聊天。

LNT 七大原則

1、事先計劃和準備；

2、在堅實的地面上行進和露營；

3、妥善處理垃圾；

4、保持自然原貌；

5、注意野外用火；

6、尊重野生動植物；

7、考慮其他戶外活動者。

規劃、尋找日本的露營地 🔧

★ 露營地資訊

　　尋找日本的露營地主要可以透過網站或日本的露營書籍，也可在 Google Map 上輸入「キャンプ場」來搜尋，但如果是新手的話，還是以網站來找營地最為方便，如果在瀏覽器上直接用關鍵字「日本キャンプ場」來 Google 搜尋的話，可以發現日本露營地相關的網站實在不少，本書已經將比較好用的網站列在附錄，經過實際測試以及參考作者的使用經驗，本書列出以下幾個比較推薦的網站。

なっぷ (nap-camp)

日本最大的露營場地檢索網站，全日本大部分的露營場地都有登錄，資訊非常詳細，可以用行政區來檢索營地，或是設定篩選條件來挑選符合條件的營地。本書建議主要以「なっぷ」來尋找及篩選營地資訊。

網址：https://www.nap-camp.com/

「なっぷ」是日本最大的露營場地檢索網站

Outdoor Square

這是 Outdoor Square 附設的露營場地檢索網站，採用行政區來檢索露營地，登錄營地數量雖沒有なっぷ多，但優點是營地的重要資訊列表非常清楚。

網址：http://www.boxos.com/campweb/

「Outdoor Square」露營場地檢索網站將營地重要資訊整理的非常清楚

無料＆格安全国キャンプ場野営地情報

「無料＆格安全国キャンプ場野営地情報」網站以分區方式介紹日本的免費及超便宜露營地

這個網站是由一位在福岡縣開設戶外用品店（たびんちゅや旅人屋）的熱心人士所維護，網站以分區方式介紹了全日本的免費及超便宜露營地，並且有各露營地的現地報導，資料齊全，網站另外可切換成英文版。旅途當中需要臨時駐紮時相當好用，建議在日本露營時要把網址存在手機裡，以備不時之需。

網址：https://camp.tabinchuya.com/

E-CAMP

E-CAMP 網站分區整理日本全國的露營場地，採用行政區來檢索露營地，選取行政區之後，有一部分的露營區有詳細介紹相關資訊，其他的則是直接列表整理營地的官方網站超連結。

網址：http://e-camp.jp/

「E-CAMP」網站有詳細介紹露營區相關資訊，有的則是列表整理營地官方網站的超連結

用以上建議的網站找露營地都會列出一些重要資訊，在規劃行程時有幾個重點資訊一定要列入考量：

露營區的位置是否方便補給及通訊

一般來說露營區大多不會在鬧區裡，主要是在郊區或山區，對於多日旅程的我們來說，如果搭好營帳可以再出來採買補給品或用餐是最好的了，不過很多露營區距離市區比較遠，這時候就要考量在前往營地的路上先行採買。在日本，非假日期間的露營區人煙稀少，但如果您不喜歡偏僻地區一帳包場的孤獨感，就要好好考慮離市區近一點的營地了。另外，山區裡的營地很多網路收訊都不太好，如果晚上在營地想要滑手機找資料或休閒一下，可能就不太方便了。

營運期間及定休日

日本的冬天非常寒冷，除了南部區域有露營區有營運之外，很多露營區在冬天都是關閉的，另外有少數的營地會訂每週的哪一天是不營業的定休日，找到營地之後若營地有定休日一定要註記起來，以便安排旅遊計畫。如果要找冬天也有營業的露營場，請參見本書附錄。

是否需要訂位

大部分的自由搭帳營位不用預定，而汽車營位或是木屋通常都是要預定的，預定的方法主要以電話聯絡為主，少數露營場是可以透過網路訂位及傳真訂位。找到營地後如果這個營地規定要先預定才能入住的話，一定要先記下這些資訊（是否需要預定、訂位電話、聯絡 email），待旅程安排定案後一起統一處理。

受付時間、入場時間（チェックイン）、
出場時間（チェックアウト）

受付時間通常就是管理員的上班時間，在這時間之外無法找到管理人員，最好在受付時間內到達營地，而入場時間是指最早幾點之後可以搭帳，出場時間是最晚幾點前要收帳離場。在台灣很多營地都沒有像日本有這麼細的規定，或是雖然有規定但並沒有真的很嚴格執行，但日本人比較講究秩序，這部分請就請遵守日本人的規定。

是否附有淋浴（シャワー）或泡湯（お風呂）

對於連續多日緊湊露營行程的我們來說，可以不用外出找溫泉或公共浴室直接在營地洗澡很重要，偶而一天不洗澡可能還好，但常連著兩三天都沒法在營地方便洗澡就真的有點困擾。

洗衣、烘衣

超過一個禮拜的旅程大致上就有洗衣服的需求，營地資訊有註記「ランドリー」（Laundry）就是有洗衣、烘衣設備。

★ 利用なっぷ網站搜尋露營地 🔧

　本書建議主要以「なっぷ」來尋找及篩選營地資訊。「なっぷ」網站提供好幾種搜尋露營地的方法，建議直接在網站畫面的左側點選想要去的行政區域，我們以青森縣為例，點選了之後依序會出現幾個大區塊：

選取青森 ——

按下檢索 ——

01 登錄露營地數目

首先出現的資訊是青森縣共登錄了 62 個露營地。

02 人氣露營地排行

青森縣的人氣露營場地依序列出。

03 各個小轄區再探索

點選「八戶」，會出現青森縣八戶地區附近所有登錄的 6 個露營地。

04 其他條件再探索

依需求可再點選其他條件，篩選需要的露營場。

❶共登錄了 62
個露營地

❷依序列出
所有人氣露
營場地

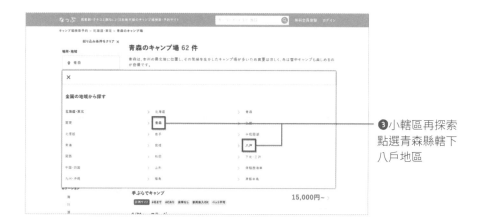

❸小轄區再探索
點選青森縣轄下
八戶地區

八戶地區附近
所有登錄的露
營地有 6 件

❹其他條件再
探索

選取種差露
營場

營地簡介

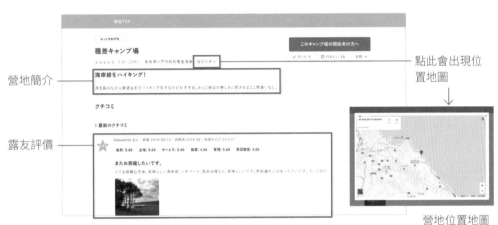

點此會出現位
置地圖

露友評價

營地位置地圖

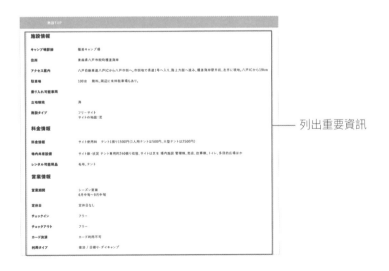

列出重要資訊

您可以依自己的需求由上述的人氣露營場地排行、各個小轄區再探索、其他條件再探索點選出有興趣的露營地，選出的營地列表畫面會有代表性照片以及設施一覽表，點選後會出現露營地的詳細介紹，請將畫面拉至下方重要的資訊處，請優先注意營業時間、定休日、入場時間、出場時間、是否有提供淋浴及洗衣設備，以及費用計算方式，並在地圖上看看所在位置適不適合。以「種差キャンプ場」為例，營業時間為 6 月中旬至 9 月中旬，沒有定休日，入場時間、出場時間皆為自由無限制，營地不提供淋浴，也沒有洗衣設備，計算方式為場地免費使用，但自行携帶一頂一般大小帳篷要 1500 日元，如果是一人帳是 500 日元，大型帳篷是 2500 日元，由地圖上來看露營地就是在海邊的地方，估計離市區大約十五分鐘的車程。

　　由なっぷ網站找到的露營地資訊不代表百分之百正確，若有多餘時間可以再 Google 找出營地的官方網站，經比對官網資訊後偶而會發現不一樣的地方，比方營地費用可能已經小幅漲價而なっぷ網站尚未更新，或是實際上營地有提供淋浴，但なっぷ網站並未登錄。

★ 利用 Google Map 搜尋露營地 🔧

　　在 Google Map 上縮放滑移至欲搜尋露營地的區域，在左上的搜尋欄輸入日文「キャンプ場」來搜尋，此時會出現許多三角形帳篷形狀的地標代表露營地，點選地標後會出現一些資訊，比方：露營地的名稱、地址、官網、電話、照片、網友評論，其中對我們比較重要的是官方網站，因為我們要進入官網查詢營業時間、受付、使用費用、設施⋯⋯等資訊，但有些露營場地標點選之後可能沒有記錄官網位址，此時就要自行剪貼露營地名稱來另外搜尋官網或相關網站了。另一個獲得露營地資訊的方式是剪貼露營地名稱後到なっぷ網站搜尋露營地，再找出登錄在なっぷ裡的資訊來。進入官網之後可以試著到處點選看看，尋找重要資訊。

輸入日文「キャンプ場」來搜尋

任意點選一個露營地，出現露營地的名稱、地址、官網、電話

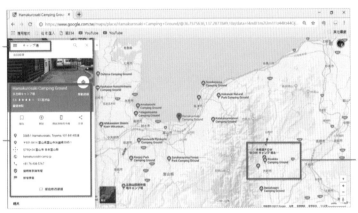

三角形帳篷形狀的地標代表露營地

往下拉可看到網友評論

點此切換航照圖

85

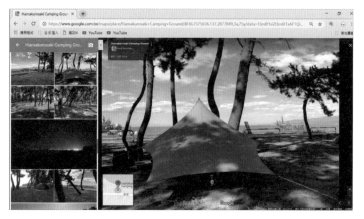

網友分享照片

點選進入營地
官方網頁

點選利用料金
選項

營地使用費

★ 怎麼樣篩選優質露營地

優質營地可以參考なっぷ網站已有人氣排行以及露友評分（チコミ評価）排行，另外營地名稱冠上「オートキャンプ場」或是「旅行村」的，其設備等級通常都比較高，當然費用也會高一些。另外有時找到的營地可能是近期設立，在なっぷ網站裡並沒有太多的測評資料，無法研判，建議可以直接用營地名稱在 Google 搜尋營地的照片，直接觀看照片來判斷營地是否符合需求。搜尋營地照片時要判斷一下其正確性，有時不是該營地的照片也會同時被列出，比方有某篇文章同時介紹好幾個營地，只有其中一個營地是我們要找的，但系統將其他營地照片同時列出。另外也可以在 Google Map 上找出露營地，點選後會有一些網友評論及營地照片可以供參考。

預定露營地

★ 日本的露營地需要事先預定嗎？

一般來說，露營場網站上如果沒有特別提到是否需要預約的話，自由營位通常是可以不用預定的，但仍有少數露營區規定自由營位也需要預定，而劃分營位或木屋通常依規定是需要預定；有的露營場的官網會明確規定必需要先預約才能入住（通常是公營露營場），以及提前多少時間起算才接受預約。非假日的露營區大多都有空位，即使未依規定預約也可以入住，尤其北海道地區因為露營風氣盛行，北海道的露營區不只日本人自己喜歡去，也時常有外國的露營客造訪，北海道的露營區大多很習慣有遊客未訂位臨時入住，很多露營玩家常是沒有訂定臨時再決定去什麼露營地，但出了北海道之外的地方，仍有少數營地規定就算有空位但未訂位也不收客，需要事前留意。

因此，如果您是要去北海道露營，假日及假期期間最好要預定，非假日期間不預定大致上沒有關係；但若是在北海道之外的地方露營，假日期間強烈建議要事先預定，非假日期間也最好要預定才有保障。

★ 預定露營營位的方法 🔧

一般來說日本的露營地接受預約的正式方法主要是電話預約，有的營地還會另外接受傳真或 email 預約，有少部分露營地跟なっぷ網站合作，可以透過なっぷ網站進行預約。對於不會說日語的人而言，利用電話或傳真來預定營位會比較困擾，以我個人的訂位經驗，對於不懂日文的人建議採用以下的方法來訂位：

由 Facebook 粉絲專頁或 Twitter 私訊訂位

有的露營場會成立官方的 Facebook 粉絲專頁或 Twitter 帳號，找到之後，可以試著發訂位訊息給小編，內容用英文寫即可，大部分小編收到訊息之後都會協助處理。有的露營場地沒有官方的 Facebook 粉絲專頁，但從網路上可能會找到有合作的地方觀光協會，找到地方觀光協會 Facebook 粉絲專頁或 Twitter 之後，可以試著發訂位訊息給小編，他們可能會代為訂位，或是直接告訴你露營場管理員的 email。

在官方 Facebook 粉絲專頁試著發訂位訊息給小編

由官網的網路發信系統或 email 訂位

在なっぷ網站找到的營地資訊裡通常不會註記露營地的 email 或聯絡
電話，請自行 Google 找到露營場的網站，看看是否有網路訂位系統或
email 聯絡方式。日本露營場網站有很多不會直接列出 email，而是透
過網站的發信系統聯絡轉發 email 至管理人員，只要依發信系統的格式
填寫即可，發信可以直接寫英文，如果有懂日文的親友先行代譯為日文
再發信也可以。

找到官網上的預
約系統連結處

查詢及預約系統

透過なっぷ網站預約訂位

在なっぷ網站找到的營地有一些會註記「ネット予約OK」，意思是指可以透過なっぷ網站進行預約。使用なっぷ網站訂位系統請見註冊成為會員，在點選「空き確認 予約をする」之後，會出現可以預約的營位或小木屋資訊，再依系統指示點選即可完成訂位。

註記「ネット予約OK」可以進行網路訂位

點選「予約へ進む」進行訂位，也可以直接將畫面拉到下方訂位

點選有興趣的方案

出現各項可預約的方案

點選方案後，會列出重要情報及費用等資訊

點選「予約
へ進む」，
直接選取入
住及撤出日
期

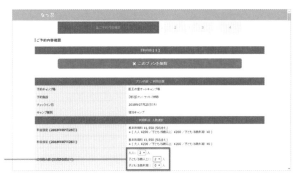

選取入住成
員及數目

預定 check
in 時間

其他租用
物品

金額總計以
及累計點數

點選進入下
一階段

如果還不是
會員也可以
在這裡註冊

必需登入會
員才能進行
下一階段

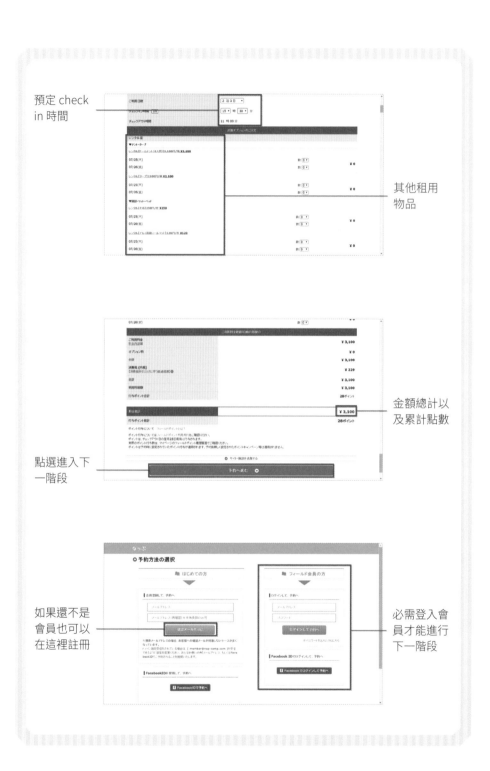

92

這裡要填寫住址，借用日本親友的地址或先填寫第一天入住飯店的地址

如果註冊時基本資料有填寫完整，這裡就會帶入內建資料階段

會員基本資料

會員基本資料再確認

金額總計以及累計點數

點選確定預約

預約結果通知，系統也會另外發出 email 通知

可以在個人資訊裡查詢到營地預約資訊

請懂日文的人電話預定

打電話訂營位是最保險的方法，如果不懂日文的話，可以請會日語的親友或信用卡的白金秘書代勞。白金秘書請自行洽詢信用卡的客服。

不預定直接到場

如果前面建議的幾種方法都無法訂位或不方便使用，那就試看看不預定直接到現場受付，如果營位沒有滿的話，應該可行，但仍有無法入住的風險，建議在行前就先找好附近的其他備用露營地，如果無法入住還有其他的選擇。

不會說日語的人在預定營位時大概就是使用英文來聯絡了，但日本鄉下地區因為不常使用英文，因此會比較排拒外國人，主要是怕麻煩。我分享一個經驗，曾想要預定四國德島縣某個露營區，在 Facebook 粉絲頁用英文聯絡上了，但他們請我要用日文發 email 預定，他們收到日文 email 後知道我是外國人後改口說只接受電話預定，而我請親友用日語打電話後他們卻說不收外國人，由於行程的關係，沿途只有那個營地比較適合我們，於是我決定當日直接去現場闖看看，之後我們一群人實際到了露營區現場，來者是客，他們很客氣地收我們這組客人，而且帶位的工作人員是一位略懂英文的老先生，一直很熱情地用英文介紹他的們營地設施以及寒暄問候。

前往營地

★ 早點到營地

日本露營區的管理員是有下班時間的，通常是 16:30~17:30 不等，每個營地規定不同，我們必需要在管理員下班前到達露營區。到營地之後受付需要時間，而且還要再預留選擇營位、搭帳、外出採買、準備晚餐的時間，尤其選擇無電露營，天色昏暗後才搭帳或煮晚餐會比較辛苦，因此建議不要太晚到達營地，如果可以的話最好下午四點前到達會比較輕鬆。

如果你預定到達的營地是沒有預約或未曾聯絡過的營地，有可能你到了現場才發現露營區已經關閉不經營（整修中）、不想接待外國人，或是有臨時狀況（有熊！）營地暫時關閉（這三件事本人都曾經遇過），導致你無處落腳，早點到達營地就可以有多一點時間採取備案。

也有的玩家是從來都不預先規劃露營地的，興之所至想去哪就去哪，這樣遇到露營區沒開的機會更多一些，最好也要早點到營地。

★ 萬一營地沒開的備案

改到備用營地

前往事前預先規劃備用營地，或是用本書前面提供的方法（なっぷ網站或 Google Map）快速搜尋附近的營地。

找旅館或飯店

上網找看看附近旅館或飯店是否有空位，可以試試全日本各地都有分館的平價飯店東橫 Inn（Toyoko Inn）或是 Comfort Hotel。

車中泊

真的找不到落腳處那就只好車中泊了（在車上睡），車中泊要找有廁所及方便用水的地方，像是道之驛（道の駅，公路休息站）最方便，日本人需要車中泊時大多是選在道之驛，很多露營車玩家也會選擇在道之驛休息，另外 24 小時超市或附近公園平面開放式停車場也可以車中泊，在超市車中泊時請先進超市消費。

車中泊可以找有廁所及方便用水的道之驛

選擇在樹陰下搭帳不會曬到太陽

到達營地之後

★ 受付

如果你不知道怎麼表達，受付時直接至管理棟跟管理員說英語 Camp 或是日語キャンプ（唸 Kyan-Pu），他就會拿出表單要你填寫或勾選（姓名、地址、入住日期、營地類型），並計算你要付的費用，再跟你告知注意事項及營地規則，有的營地會預先準備好英文版的營地規則，或是管理員可能會直接用日語加肢體語言跟你溝通，你回答 YES、NO、OK 就可以了。

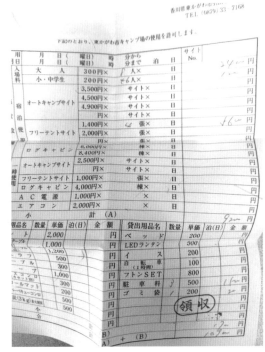

營地受付時費用計算表單

★ 注意門禁及設備使用時間

有的露營區會有門禁，時間到了會關閉大門，另外像是營地附設的投幣式淋浴或是澡堂通常都會設定開放使用的時間，在受付時要先注意，以免造成不便。

★ 選擇紮營方位

在台灣露營時，一般我們選擇營位考量的重點不外乎是：良好的視野、日出或西曬的方位、樹蔭、廁所的遠近…，但在日本露營時，選擇營位還有其他的重點也要納入考量。

在日本露營時，水槽是統一集中在炊事棟，平常日露營客人很少，搭在炊事棟旁邊會很方便，但假日時日本人也都出來露營了，炊事棟附近人來人往會很熱鬧。

如果在營地遇到成群的日本重機族也一同露營時，他們通常都很早就起來收帳，雖然日本人收東西都很安靜，但機車發動時難免會有比較多聲音，在選擇營位時可以納入考量。

有的日本營地附有大型兒童遊樂設施，如果你是非假日期間是很有機會一帳包場的，若把帳篷搭設在大型遊具前方，小朋友一定會非常的開心。

★ 快速地搭營及收帳

搭帳及收搭的速度取決於裝備的多寡、對帳篷搭設的熟悉度、空間換取時間以及搭帳與收帳的人力與配合程度。

裝備的多寡

海外露營不需要帶太多東西，分辨什麼裝備是需要，什麼是想要，需要的一定要帶，想要的可以捨棄，帶得越少搭的越快。

對帳篷搭設的熟悉度

在出國前就要事先練習要帶去日本的帳篷如何搭設、如何收摺，最好安排一次海外裝備模擬露營，只帶要去日本露營的裝備進行模擬搭設。

空間換取時間

我們都知道裝備收的越整齊、體積越小，需要花的時間越多，如果犧牲一點點空間，常常是可以加速收帳時間的。海外自駕露營經常是連著好幾天都要再次把收好的裝再次打開使用，所以不需要每天都花時間收的太整齊，只要車子行李箱可以放得下即可，而在最後一天要回國前才需要真正收拾整齊。例如：羽絨睡袋不經摺疊直接塞回袋子、或是好幾個羽絨睡袋同塞在一個小裝備袋、充氣睡墊大概折疊而不是花時間捲成小小的、帳篷只做簡易折疊不要求精確。另外，有的海外露營玩家會故意租大一點的車，多出來的空間用來隨意放置沒有收拾整齊的裝備，以達到節省時間的目的。

租用大車，裝備不用收太整齊就可以隨意放置，節省時間（照片呂培瑜小姐提供）

搭帳與收帳的人力與配合

在出國前就對小朋友們行前教育，請小朋友一起幫忙收、搭帳，告訴他們收搭帳越快就可以有更多的時間帶他們出去玩。有的人會認為小朋友會做的事情很少，大人自己動手做還比較快，但其實請小朋友幫忙的主要目的是避免收、搭帳時大人還要分心顧照他們，在一旁獨自玩樂的小朋友常常會成為「負人力」。小朋友可以依照他們的年齡派遣他們能力所及的工作，即使是最簡單的工作也無妨。

★ 下雨了怎麼辦？

在台灣，我們露營最不喜歡下雨天收濕帳，在日本露營當然也不希望遇到下雨天。但其實日本的下雨機率比台灣低，就算下雨也比較不容易有暴雨。萬一在前往營地的路上遇到下雨了，別擔心，很多營地都附有小木屋，而且價格合理，若是雨沒有很大，也可以依原計畫紮營，但活動空間都移到炊事棟裡（日本幾乎所有營地都會有很大的炊事棟），隔天萬一雨未停仍舊收了濕帳，那就把濕帳篷包在萬能的大黑袋裡，因為第二天又要打開來紮營，只是帳篷內部睡覺會碰到的地方必需要保持乾爽。

另一個選擇是臨時改去平價旅館住宿，比方全日本連鎖的東橫 Inn（Toyoko Inn）或是 Comfort Hotel，這種連鎖平價旅館價格都相當的親民，大都也有附上免費的自助早餐。

廢棄物處理

日本與台灣不同，在觀光區及公共場所是找不到垃圾桶的。至於為何日本街上的垃圾桶很少，據說有以下幾個原因：❶ 1995 年時東京地鐵遭邪教組織「奧姆真理教」以沙林毒氣攻擊，因為毒氣散佈裝置是藏在垃圾桶裡，之後日本政府便移除了垃圾桶。❷烏鴉會翻垃圾桶找食物，把環境弄的很髒。❸以前城市有設置垃圾桶時，街道上反而更多垃圾，取消垃圾桶會讓人珍惜物品，不因方便丟棄東西而隨意浪費。

在日本自駕露營時最好的垃圾處理方式就是減少垃圾的產生，但不可能完全不產生垃圾。日本的露營地大部分沒有資源回收場及處理垃圾的服務，有的即使有資源回收場，但不處理無法回收的垃圾，遊客必需將垃圾帶走自理，有一部分的露營地會處理垃圾，但會額外收取垃圾處理費。所以遇到露營區不提供垃圾處理服務時該怎麼辦？以下分為幾種情況討論。

❶ 下雨天臨時改住露營區附設的小木屋 　❷ 下雨天小朋友在營地附設的開放式木屋遊玩 　❸ 下雨天把活動移到小炊事棟裡

可回收物

可回收物有：鋁罐、保特瓶、食物的保利龍托盤、便當盒、玻璃瓶、金屬罐頭、牛奶紙盒，在超市賣場或便利商店外都會有回收桶，但在回收前需將它們沖洗或清理乾淨。但並不是每一個回收點都有所有的回收項目，沒法回收的就要先收集起來，再找機會處理。

塑膠

塑膠袋不可在營地燒掉，會產生污染及臭味，唯一的方式就是先收集起來，再找機會處理。

紙類、木類、廚餘

日本人露營時大多會升火烤肉，因此很多日本露營玩家是直接把紙類（包括牛奶紙盒）、木類的垃圾燒掉，另外菜渣、果皮、蛋殼、肉、骨頭等廚餘，他們也會把它們燒烤成灰燼，再連同木炭灰燼一起處理（日本露營區大多會有木炭灰棄置處）。但台灣人在日本露營不見得會升火，這時候也只能先暫時收集起來，再找機會處理。

前面提到的沒法回收也沒法燒掉的垃圾要先收集起來再找機會處理，可以丟棄的地方如下。

飯店或旅館

自駕露營過程中間如果有住宿飯店或旅館，可以直接丟在飯店的垃圾桶。

租車公司

還車時可以把垃圾留在車上，並告知接待人員，他們會協助處理垃圾。

加油站

這裡指的是人工加油站而不是自助加油，加油時可以詢問服務人員是否可以代為處理垃圾，指著垃圾袋跟他們說ゴミ（Go-Mi）OK？有的加油站會協助處理。

超市或休息站

超市的結帳台後方整理區都會設有垃圾桶，有的超市外面資源垃圾回收區也會設有一般垃圾回收桶，道之驛與自動車道休息站也會設有一般垃圾回收桶，但都會註明不可丟棄家庭垃圾，因此只能丟棄少量的垃圾，由於我們自駕露營通常都會在車上累積不算小包的垃圾，請勿將大量垃圾逕行丟棄在超市或休息站的垃圾桶，別當一個失格的旅人。

Part4

行程規劃

有關旅遊行程規劃這件事其實是可大可小，可簡單可麻煩，有的朋友會把行程規劃弄的鉅細靡遺，時間、路線、地點，幾點幾分搭什麼車、吃什麼東西、逛什麼景點，其實這種行程跑起來也相當累人，常常無法完全依預先規劃完全走完；有的朋友會把行程簡單化，只把大的重點（比方住宿及比較大的必玩景點）列出，其他就隨意走或上網查看臨時再決定，有時這樣玩也可以很放鬆。自助旅遊必需要有規劃，但是不是要規劃到十分詳細完全是看個人喜好的玩法，而簡單的規劃也不代表您要流落街頭，只要跟著本書後面的內容，就可以省去不少的規劃時間，掌握行程規劃的重點。

注意天氣預報

露營最令人困擾的就是下雨，夏天另外要注意的是颱風，在旅遊途中要隨時注意及早因應，建議的查詢工具有「日本氣象協會 tenki.jp」、「日本氣象廳」、「GPV 氣象預報」以及「Windy」。

日本氣象協會 tenki.jp

tenki.jp 氣象預報

日本氣象協會 tenki.jp 有網站及手機 App，在日本各地分區預報詳細且操作方便，可逐步選取到比較細的分區，點選進入後會出現該地的今、明兩日天氣，往後三天每三小時天氣，往後三天每一小時天氣，以及未來十日天氣，甚至還有紫外線強度、晾衣服是否易乾、衣服怎麼穿、可否看到星空的指數。

日本氣象廳

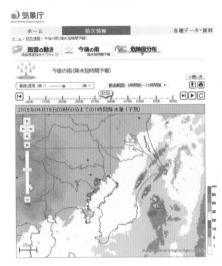

日本氣象廳「今後の雨（降水短時間予報）」

日本氣象廳的預報準確度高，但選取各地區預報的操作方便性略低於tenki.jp，不過日本氣象廳有一項「今後の雨（降水短時間予報）」，用這個來查詢未來可能下雨的情況非常準確，在地圖上用圖形或動畫的方式呈現未來至少十二小時的降雨分布，我們在日本露營時經常用到這個功能來預判下雨機率。tenki.jp 網站也有類似降雨圖形的功能（雨雲の動き），但操作及預報時間上則遜於日本氣象廳。

GPV（Grid Point Value）

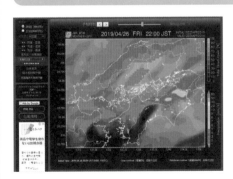

GPV 雨量及雲量預報

由超級電腦預測的各種高解像度天氣預報，在地圖上以網格或圖形呈現預測值，原始素材來源為日本氣象廳或美國國家環境預報中心、美國國家海洋暨大氣總署。GPV 天氣預報提供的預測有氣溫、濕度、雨量、雲量、氣壓、風速…等，其中最推薦的是使用其預測雨量及雲量的功能，方便我們在日本旅遊時預知下雨機率以及早因應。

Windy

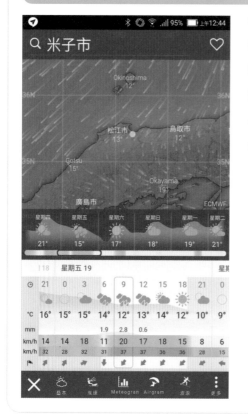

Windy 是全球性的氣象預報工具，有網站及手機 App 兩種形式，有各種預報資料，其特色是視覺化的設計，馬上就看懂預報資料，這個工具不止在日本好用，在台灣及全世界也都可以用。

Windy 氣象預報

造訪景點

在日本自駕露營旅行的停留地點除了露營地之外,一定還會規劃造訪名勝、古蹟、神社、名城、文化遺產、泡湯、購物、美食 ......,最近還有知名手機遊戲旅行青蛙的名信片景點,這些在網路上都可以找到相當多的資訊,而且在坊間也已經有很多書籍介紹,讀者可依需求及喜好自行計畫,本書中就不再贅述。

旅行青蛙景點—入道埼燈灯台

如果讀者是有計畫玩遍全日本，甚至是以露營方式制霸全日本，那可以考慮把日本各個「三大」系列的景點安排進去，三大系列是日本最具代表性及特色的景點，把各種三大蒐集起來是相當有成就感的。列舉著名的「三大」系列如下：

日本三景

天橋立、宮島、松島

日本三名泉

草津溫泉、下呂溫泉、有馬溫泉

日本三名園

依「雪月花」相對應的庭園，兼六園（雪）、後樂園（月）、偕樂園（花）

日本三名城

姬路城、名古屋城、大阪城，另一說是名古屋城、大阪城、熊本城

日本三大夜景

函館山夜景、長崎稻佐山夜景、神戶摩耶山夜景，長崎的夜景同時也是世界三大夜景之一

日本三大鐘乳洞

岩手縣龍泉洞、山口縣秋芳洞、高知縣龍河洞（另一說是沖繩縣玉泉洞）

日本三大茅草屋聚落

岐阜縣合掌村、京都府美山町、福島縣大內宿

除了以上廣為人知的景點之外，另外我想再介紹三個比較容易被忽略，也很適合一併造訪的行程：祭典、百名山、日本職棒。

❶ 宮島嚴島神社海上大鳥居　❷ 岡山後樂園　❸ 大阪城　❹ 函館山夜景　❺ 山口縣秋芳洞
❻ 福島縣大內宿

祭典

　　日本自古以來就是農業國家，當時的人們格外崇敬自然，為了祈求作物豐收無蟲害、社稷安寧無災難、人民健康無病痛，後來發展演變出各種的祭典。日本各地因為習俗、氣候、風土、物產不同，各地的祭典也有各式各樣的形式及內容，可謂非常豐富，而各大祭典每年都有各自固定舉行的日期。

　　知名的祭典像是東京「神田祭」、京都「祇園祭」及大阪「天神祭」，合稱為「日本三大祭」；青森「睡魔祭」、秋田「竿燈祭」以及仙台「七夕祭」，合稱東北三大祭，都強烈地展現各自獨特風格及特色；四國德島縣的「阿波舞祭」所跳是盂蘭盆節時的一種舞蹈，特殊的節奏讓觀眾也加入隊伍一同共舞。

❶ 德島阿波舞祭（照片宋易達先生提供）　❷ 秋田竿燈祭　❸ 青森睡魔祭

百名山

❶ 在羊蹄山腳下露營，靜靜地欣賞壯麗的羊蹄山（京極町スリーユーパークキャンプ場）❷ 吾妻小富士是百名山吾妻連峰之一，由淨土平出發走到山頂只需要 15 分鐘，山頂可以看到美麗的火山口

　　1964 年，日本著名登山家、作家深田久彌，以山的品格、歷史、個性以及標高一千五百公尺以上作為評選標準，選出了一百座日本高山，並撰寫出版了一本名為「日本百名山」的大作。書中以每座名山為主題寫下了各篇隨筆，書中所列的名山後來成為遊客（尤其是登山愛好者）嚮往的名山勝地，也影響了日本山岳界，隨後，台灣山岳界也參考了日本百名山的構想，於 1971 年訂定了台灣百岳，由此可知日本百名山的重要性及地位。

　　百名山的登山難易度從簡單的開車即達山頂，到有難度的要走好幾天的重裝行程都有，建議可依行程及時間就近造訪。橫跨靜岡縣和山梨縣，家喻戶曉的日本第一高峰富士山就是最知名的百名山。此外再列舉幾座易於親近的百名山，比方日本東北山形縣及宮城縣交界的藏王山就是百名山，駕車可達山頂的停車停，可順便欣賞美麗的火山湖泊藏王御釜；八幡平也是容易親近的百名山，大約兩個小時即可來回步道一圈，尤其秋季時節更是賞楓聖地；北海道的羊蹄山有蝦夷富士之稱，如同富士山一樣有壯麗的火山錐，如果您本身就是登山健腳，可安排一日輕裝單攻行程，登頂可俯瞰洞爺湖，山頂的火山口也非常的漂亮，或是在羊蹄山腳下露營，靜靜地欣賞壯麗的羊蹄山也是另一種很棒的選擇。

日本職棒

日本職棒有 12 支隊伍，各有自己的主場，如果旅程當中剛好可以排上有台灣選手出場的比賽，是相當有意思的一件事。目前有代購日本職棒比賽的網站系統，可以事先在台灣預購門票，當然您也可以直接去球場售票口買票入場。

札幌巨蛋觀賞日本職棒（陽岱鋼出場）

平價旅館

如果您的旅程超過兩個禮拜以上，也可以在連日搭帳露營的旅程中間安排旅館住宿，減輕每日收、搭帳的疲憊，轉換氣氛順便充電一下。比較知名的平價連鎖飯店例如東橫イン（東橫 Inn）飯店，在日本各地重要城市的車站附近都有駐點，目前全日本大約至少有兩百家東橫 Inn 飯店，價格十分親民，小學以下的兒童與大人使用同一床鋪時不收取兒童住宿費用，並且提供免費早餐服務，亦附有投幣式洗衣、烘衣設施。

東橫イン飯店

當地的公共運輸

　　造訪景點或市區觀光有時配合使用當地的公共運輸會比自行開車來的方便，市區公車、市區電車、地鐵、山岳纜車、船泊…都是經常會利用到的公共運輸，市區公車或電車可能因應當地觀光特色發行一日券，而兩航點之間船泊通常都會有不同公司經營的路線，會有不同的費用及航行時間，建議在安排造訪景點時就要預先規劃可能使用當地的公共運輸。有關當地公共運輸的型式雖然十分多樣化，但大致上以 Google 直接搜尋就可以找到很多資訊，例如：Google「仙台市區交通」就可以找到仙台市區觀光巴士一日券的資訊；Google「函館青森船運」就可以找到有兩家船泊公司提供服務。

❶ 仙台市區的觀光巴士
❷ 聯絡北海道函館以及本州青森的津輕海峽渡輪

路線安排

露營地點與造訪景點之間的路線安排主要有「定點遊玩」及「邊走邊玩」兩種方式。

定點遊玩（定點式露營）

以露營區為基地，在附近景點玩樂後再回原來的營地。定點遊玩適合在城市附近景點比較密集的地方，或是深度之旅，這種路線安排的好處是不用天天換營地，缺點是如果景點分散，回營地需走重覆的路線反而浪費時間。

邊走邊玩（移動式露營）

從甲露營區換到乙露營區的路上，順路造訪附近的景點。邊走邊玩適合景點分散的地方，這種路線的好處是不用走回頭路，缺點是可能要天天收搭帳篷。

至於要如何選擇路線，基本上如果行程日期在七天以內，而且在同一個機場進出的話，建議就採用定點遊玩的方式來安排，選擇一或兩個露營地做為休息充電的大本營，造訪附近的景點。如果是七天以上的行程，或是景點分散的地方，基本上我會優先建議以邊走邊玩的方式為主，遇有較高密度重要景點、城市附近或是需要深度之旅時再搭配定點玩，同一個營地待兩、三晚，附近景點都去過了之後再移到下一個營地。

　　曾經有朋友擔心天天收、搭帳太累或花比較多時間，即使景點分散也採用定點玩的方式來安排營地，結果因為路程遠而且回到營地又走了重覆的道路，最後反而更累、花更多的時間。其實如果可以解決收、搭帳時間的問題，在路線上安排會更有彈性，快速收、搭帳是有技巧而且是可以預先準備的，本書中有專文介紹，請參考第 101 頁「快速地搭營及收帳」章節。

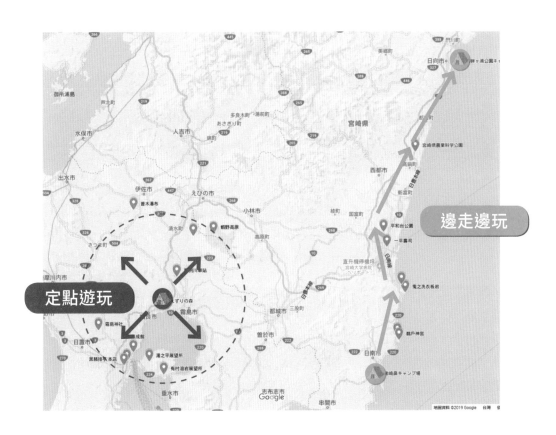

★ 駕車里程

　　自駕旅遊有時會花很多時間在駕車，但開車時間太長可能會造成旅遊品質不好。依我的經驗，在安排路線時如果是以平面道路（不收費的一般道路）為主的話，對於習慣長途駕車的人建議平均每天駕車里程控制在大約 150 公里以下，如果平常在台灣就不常長途駕車的人，建議平均每天駕車里程控制在大約 100 公里以下。如果主要是行駛收費的自動道車道，就可以把前面建議里程再增加 100~150 公里。前面談到的里程數是指主要景點之間的行車里程，不包括在景點附近臨時找車位以及採買、進食等額外多出的繞行里程。

　　里程數可以預先在 Google Map 裡預先調查，實務上在路線安排時很難天天都控制在差不多的行車里程，因此，如果前一天行駛比較長超過建議里程，那第二天就把路線里程降低，把平均里程控制在前面講的建議里程即可。

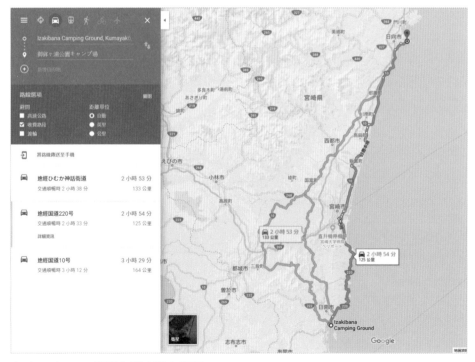

在 Google Map 裡預先調查駕車里程

日本的休假日與地方祭典時間

　　日本是休假福利多的國家，日本的法定假日有：元旦、成人之日、建國紀念日、春分之日、昭和之日、憲法紀念日、綠之日、兒童之日、海之日、山之日、敬老之日、秋分之日、體育之日、文化之日、勤勞感謝之日等，逢法定假日時，政府機關、銀行等大多會放假休息。除此之外，還有一個重要的民間節日「盂蘭盆節」（お盆），雖然不是法定假日，但大多企業會放假 3~5 天，很多在外工作的日本人都會回家與家人團聚或外出旅遊，盂蘭盆節的時間各地不同，日本各地大部分訂在國曆 8 月 13~16 日，其他如：東京、橫濱和東北地方則訂在 7 月 13~16 日，中國、四國、九州則以農曆 7 月 15 日作為盂蘭盆節 3 天的中間日。前面提到的假日再與週休二日合併或補假之後則會形成連假，建議在規劃行程時要預先上網查詢當年度的日本連假，這期間會是日本的旅遊旺季，新幹線、航班和高速公路等交通也會陷入一片壅塞，同樣的日本露營地也常常是一位難求、帳帳相連，如果恰好遇到這些連假時段強烈建議一定要先預定露營地。

　　另外，日本各地都有地方祭典，每個祭典的時間都不相同，大型知名的祭典期間常常造成飯店訂位客滿，露營地同樣的也是一位難求，建議一定要先預定露營地。

阿波舞祭，照片黃淨愉小姐提供

假日名稱	日期	說明
元日	1 月 1 日	12/29~1/3 休假 6 天
成人之日	1 月第 2 個星期一	
建國紀念日	2 月 11 日	
春分之日	春分日，3 月 20 或 21 日	
昭和之日	4 月 29 日	
憲法紀念日	5 月 3 日	
綠之日	5 月 4 日	3 天連假
兒童之日	5 月 5 日	
海之日	7 月第 3 個星期一	
山之日	8 月 11 日	盂蘭盆節雖然非國定假日，但是休假的人很多，與山之日形成多天數連假。
盂蘭盆節	8 月 13 至 16 日	
敬老之日	9 月第 3 個星期一	
秋分之日	秋分日，9 月 23 或 24 日	
體育之日	10 月第 2 個星期一	
文化之日	11 月 3 日	
勤勞感謝之日	11 月 23 日	

與朋友同遊的計畫調整

　　自己一家人自駕露營旅行，享受的是家人間的親情，非假日的時候營地晚上或許沒有什麼其他露友，此時正是獨享天倫的時候；雖然大致上都照著行程規劃走，但偶然的小插曲或許會讓我們臨時改變計畫增添驚喜，自助旅行最有意思的常常就是這一份自由的感覺。如果有朋友一同出遊就會變得熱鬧許多，但多了朋友就會對彼此多了約制以及期待，所以可能就不會像自己一家人的時候有那麼多自在的感覺了。

　　各家人的行動力不同、飲食習慣不同、喜好不同，比方說：家中成員有小小人要準備及考慮的東西比較多，常常沒法立刻結束某一項活動說走就走；或許小朋友在公園遇到喜歡的遊具他想要多玩一點；有的朋友吃素需要找素食餐廳就沒有一起用餐，有的人沒那麼早肚子餓；有的朋友特愛日本神社不自主的多留久一點，有的朋友比較想要趕快到下一個景點。因此，如果不同家的所有行程都同進同出、綁在一起，八九不離十應該是會行程進度落後，這時候我建議您要把行程計畫稍微調整一下。

　　建議可以這樣調整：各家安排各自的計畫，白天可以走自己想去的景點，有的人去遊名城，有的人去獵美食，或是想同遊也可，但不要互相約制，晚上再回到同樣的營地相聚同樂分享一日心得；白天各自遊玩，晚上一起熱鬧。所以，也不建議兩家人合租一台大車共乘，有太多實際例子告訴我們即使兩家人是再熟的朋友也不要合租車輛共乘，因為行程互相約制造成不便，反而會使友情不小心出現小小的波瀾。

利用 Google My Maps 製作行程地圖

　　大家都知道出門在外利用 Google Map 來導航或是查詢目前所在位置是相當方便的，其實 Google Map 也可以製作屬於自己的「我的地圖（Google My Maps）」，把旅行要走的景點、地標、路線都標註到地圖上，利用「我的地圖」規劃自助旅行路線有許多的優點：

❶ 在旅途中用手機打開預先編好的地圖，地圖上會同時顯示目前所在位置以及預先設好的地標，如此可以清楚現在地與地標的相對關係、距離等，再依著規劃踩點，實在是相當的方便。

❷ 在地圖上國外地名都是採用原文，若我們不諳外文就會有點麻煩，而自訂的地標可以改寫成自己看得懂容易辯識的文字。

❸ 利用新增路線功能，可預先了解兩點間的行車路線，也可以估算行車里程數，這對自駕旅行來說是很重要的資訊。

❹ 自訂我的地圖還能另外補充資料，比方：旅遊照片、文字註解，甚至把網路文章的網址貼上也無不可，這張地圖就是私房旅遊手冊。註：補充完這些資料後，其實這張地圖也相當於一個簡單的地理資訊系統（Geographic Information System）

❺ 可以與朋友遠端分享或共同協製作同一份地圖。

❻ 以前的人用文字寫日記，後來有人用 Konica 傻瓜相機寫日記，現在我們把這份精心規劃的地圖保存著，我們就是在用 Google Map 寫日記。

　　相信大部分的人都有 Gmail 帳號，如果沒有的話，請先去註冊一個，這樣才能製作「我的地圖」，這帳號是免費的。以下介紹如何製作「我的地圖 Google My Maps」，由於操作內容比較繁覆，建議直接上電腦對照介紹的步驟操作。

開啟我的地圖、重新命名我的地圖

在進到 Google Map 之後，到左上設定→你的地點→地圖（至最下方點選建立地圖），此時會跳出一個全新的「我的地圖」分頁，就開始編輯了。另一個進「我的地圖」的方法是直接在瀏覽器上搜尋 My Maps 就可以找到「我的地圖」的網址，進去後點選左上方的建立新地圖。進入我的地圖之後，可重新命名地圖名稱。

到 Google Map 左上設定→你的地點   到地圖頁籤，點選最下方建立地圖

重新命名
我的地圖

建立圖層

圖層的作用主要是用來歸納數量很多的地標，您可以把同一天要去的地標都放在同一個圖層，這樣做的好處是在實際旅途中可以只把當天的圖層打開，未被開啟的圖層就不會顯示，這樣畫面上就不會被不同天的行程干擾，比方你在東京安排了三天的市區觀光，單獨只看當天的行程應該會簡單的多。另一種做法是把相同特性的地層歸納在同一個圖層，像是露營區圖層、景點圖層、美食圖層......，在旅途中肚子餓了，就只要打開美食圖層來找東西吃就可以了。圖層的上限是 10 個，若您是較長天數的旅程要以日期分圖層的話，變通做法是分成兩個或以上的地圖檔，或是改用其他的圖層命名規則。

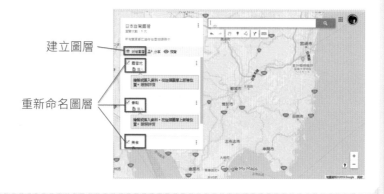

建立圖層

重新命名圖層

建立地標

首先在地圖上找到要去的地標，第一種方法是直接在上方搜尋列搜尋地點的名稱，找到後直接在地標資訊框上按新增至地圖，此時地標會自動加入目前的圖層下；另一個方法是直接在地圖上找到你要的地標，點選地標出現資訊框後按新增至地圖；如果是地圖上沒有註記的地點，可以用工具列上的新增標記直接新增地標。

輸入要找的
地名猪鼻崎

可以找到兩個
相關的地點

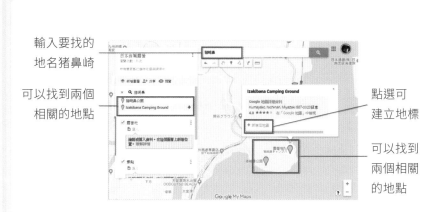

點選可
建立地標

可以找到
兩個相關
的地點

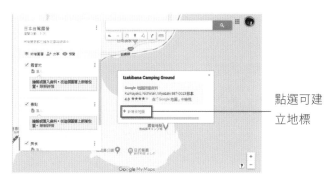

點選可建
立地標

另一個方法是直接在地圖上找到猪崎鼻キャン
プ場，點選地標出現資訊框後按新增至地圖

建立
好之地標

按此修改地
標名稱、新
增資訊、調
整地標符號
及顏色

修改地標名稱、新增資訊

以日本自駕露營為例,搜尋加入的地標很多都是日文或是英譯日文,使用起來不太方便,這時可以點選資訊框內的編輯鈕,修改成自己看得懂容易辯識的文字,同時也可以新增文字註解,或是直接把網路文章的網址貼上。資訊框內也有新增照片或影片的功能,讓自訂地圖更有實用性。

修改地標名稱、新增網路文章網址

也可以直接上傳照片

貼上網路照片的網址

調整地標符號及顏色、移動地標至想要的圖層

新增的地標都是以預設的符號及顏色標註，按下樣式鈕可以將符號及顏色修改成更活潑。比方我個人習慣把營地、景點、美食、旅館、機場用不同的符號標示，而預定露營場地用鮮艷的顏色，備用露營地則用淺淡的顏色。此外，也可以將同一圖層的所有地標都設定成同一樣式：打開圖層裡的樣式選單，在「按以下項目分類地點」的選單中點選統一樣式，再設定符號及顏色。「按以下項目分類地點」的選單中有另一個數字序列選項，會依照你標註的地標順序予以編號。如果建好的地標沒有在正確的圖層裡時，可以直接用點選拖曳的方式將地標拉至想要的圖層；地標順序也可以用點選拖曳的方式來調整。

調整地標符號及顏色

用點選拖曳的方式可將地標拉至想要的圖層

新建完成之地標（修改地標名稱、新增網路文章、新增照片、調整地標符號及顏色）

地標旁邊顯示名稱或說明、統一地標樣式

打開圖層裡的樣式選單，在設定標籤選單中點選「名稱」或是「說明」，接著地標旁就會出現文字了。我個人習慣直接把名稱顯示在地標旁邊，這樣在旅途中使用地圖很快就可以知道名稱，查詢起來方便又快速。在標籤選單選取「統一樣式」，可以一次修改同一圖層裡所有地標的樣式。

選取樣式選單，設定標籤為「名稱」，選取「統一樣式」，一次修改所有地標的樣式

建立路線

在上方工具列點選新增路線鈕，左側會新增一個路線圖層，A 為起點，選取 A 欄位後可在地圖上直接選取自設的地標點，B 為下一目的地，用同樣方法設定 B 點地標，此時會自動產生行車路線，若是連續行程，則按下新增目的地可再新增 C、D、E... 等新地點，讓行駛路線延伸。如果 Google Map 自動規劃的路線不理想，則可以將滑鼠移到路線上方，將自動產生的拖曳點拖至理想的路徑上，此時會自動重新規劃。目前此規劃路線功能僅限於開車、自行車及步行，無法規劃大眾運輸，不過在地圖（google map）中打開自訂地圖，就可以用大眾交通工具的路線規劃。打開路線圖層右上圖層選項裡的詳細路線說明，可以看到路線的里程及估計的行進時間，這對自駕旅行來說是很重要的資訊。

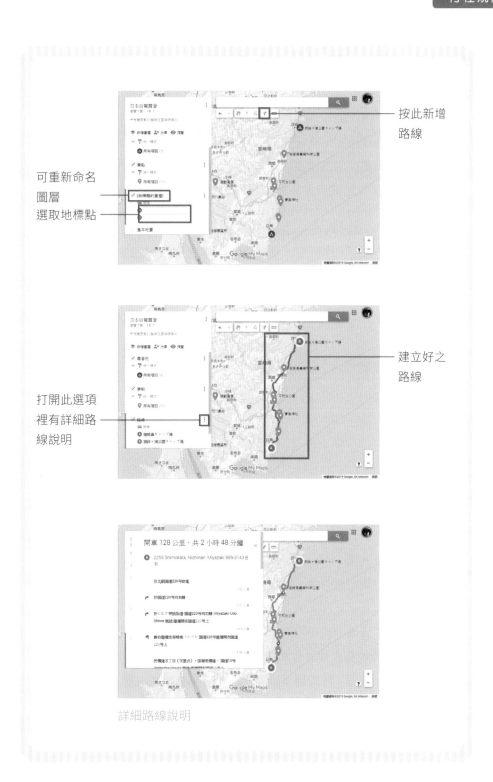

按此新增
路線

可重新命名
圖層

選取地標點

建立好之
路線

打開此選項
裡有詳細路
線說明

詳細路線說明

大量修改地標資訊

地標建立完之後，很可能我們會開始努力針對每個地標在網路上搜尋比較詳盡的旅遊資訊，如果一個個點開地標再來修改會比較沒有效率。

大量修改地標資訊的方法是打開圖層右上圖層選項裡的開啟資料表，此時畫面會出現各地標的名稱與說明的表格，在這裡可以快速地進行修改，如果資料量龐大也可以利用上方搜尋欄快速找到你的標的物。

可在資料表中大量修改
地標資訊

匯出與匯入地圖

若你已經習慣了用我的地圖來規劃旅遊，就有機會把之前舊的自訂地標資料再拿出來應用；有時候也可以把匯出的檔案與朋友分享。比方我第二次去北海道自駕露營時，我會把上一次旅程所自訂的地圖匯出成 KMZ 檔，再匯入這次的地圖中，因為第二次的行程與第一次不太一樣，我不是直接修改成這次的行程，而是把匯入的圖層都改成統一樣式，並設定為較不明顯的淺灰色，可以方便我參考但不干擾我這次的行程。在地圖的設定選單中選擇「匯出成 KML/KMZ」，再選擇匯出整個地圖或匯出單一圖層，建議儘量選擇採用 KMZ 檔。匯入圖層前要先新增圖層，再點選匯入並選擇檔案即可。

在選單中選擇「匯出成 KML/KMZ」

選擇匯出整
個地圖或匯
出單一圖層

新增圖層後
選取「匯入」

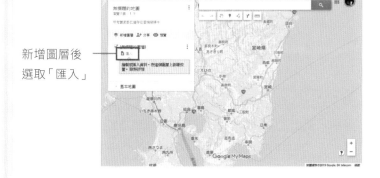

選取要匯入的 KML 或
KMZ 檔

與朋友共享地圖、加入別人的地圖

我通常會把編輯好的地圖分享給同行的友人，或是與他們一同編輯地圖。點選地圖上的分享鈕，共享的方法有兩種：一種是把共用連結的網址傳送給朋友，另一種是在邀請人的對話框中輸入對方的 email 就可以分享連結給朋友，預設是朋友可以檢視而不能編輯。如果朋友要加入一同編輯地圖，就需要用輸入 email 邀請對方的方式，邀請時記得要選取「可以編輯」。如果我們取得別與分享給我們的地圖，或是網路上公開的地圖，也可以把資料加入我們的地圖。打開地圖選項，點選複製地圖就可以把整份地圖複製到我們的帳號中，如果因地圖權限的關係而無法複製地圖，變通的做法是下載成KML/KMZ 檔，再匯入我們的地圖中，也會有一樣的效果。

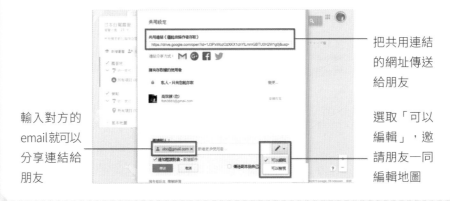

輸入對方的
email就可以
分享連結給
朋友

把共用連結
的網址傳送
給朋友

選取「可以
編輯」，邀
請朋友一同
編輯地圖

利用 Excel 或 Google Sheets 製作
露營地控管表 🔧

　　當我們安排的露營行程天數比較多的時候，許多營地需要注意的事項全部混在一起時就會變得很複雜，比方訂位情況、造訪營地日期、營地是否有淋浴或洗衣設備 ……，這麼多的細節如果能整合在一份控管表清單中才能夠方便我們有效管理。

　　建議控管表可以利用微軟 Excel 程式或 Google Sheets 製作，一般來說大家對於 Excel 會比較熟悉，而 Google Sheets 是一種類似微軟 Excel 的程式，都是以表格的方式儲存資料，以便於後續的計算或統計。Google Sheets 與 Excel 最大的差別是 Google Sheets 是雲端線上程式，而 Excel 則有單機版與雲端線上版，本書會優先建議使用雲端線上版的 Excel 或 Google Sheets，其最大的好處是可以透過電腦或手機隨時編輯，因為在規劃過程中或是旅遊的當下，可能因為接受到一個新的訊息而調整計畫或更新控管表的內容，此時拿起手機便可即時修改儲存在雲端上的資料，而一同出遊使用同一份控管表的伙伴也可即時接收到最新的控管表版本。

　　如果要使用 Google Sheets 的話，登入 Google 雲端硬碟後點選新增再選取「Google 試算表」即可開始編輯；如果要使用 Excel 雲端線上版的話，請先線上申請 OneDrive 雲端硬碟帳號（免費），進入 OneDrive 雲端硬碟後點選新增再選取「Excel 試算表」即可開始編輯。此外，如果您是使用 Excel 單機版或 Excel 手機 App，將編輯好的檔案存在 OneDrive 雲端硬中，這樣可使雲端版的 Excel 也能開啟編輯同一份文件，也可以達到雲端線上版的效果。

　　附圖是我常用的露營地控管表範例，表格中每個欄位都有重要的意義，分別說明如下。

露營地控管表範例

日本露營泊點

檔案　編輯　查看　插入　格式　資料　工具　外掛程式　說明　　所有變更都已儲存到雲端硬碟

75%　▼　NT$　%　.0　.00　123▼　　Times New...　▼　12　▼　**B** *I* S A ◆.

	日期	星期		營地/飯店	休息日	預約方法	訂位情況	受付時間	入場時
2	2019/7/13	六	正	福岡縣：若杉樂園キャンプ場	無	不用訂位	不用訂位	無資料	無資
3	2019/7/14	日							
4			備	福岡縣：一本松キャンプ場(昭和の森)	無	不用訂位		隨時	Free
5	2019/7/15	一	正	佐賀縣：海遊ふれあいパークオートキャン	週一週四	電話0952-66-0460	需用電話訂位 5月開始訂	無資料	12:0
6	2019/7/16	二							
7			備	佐賀縣：八丁キャンプ場	無	電話0952-37-6125		無資料	Free
8			備	佐賀縣：道の駅大和オートキャンプ場	無	電話090-5479-3158		8:00~16:00	11:0
9	2019/7/17	三	正	長崎縣：潮井崎公園キャンプ場	週一	不用訂位	不用訂位	9:00~19:00	18:0
10			備	長崎縣：崎野自然公園	無	電話095-882-6303		9:00~19:00	14:0
11	2019/7/18	四	正	長崎縣：休暇村雲仙諏訪の池キャンプ場	無	網站訂位	網站訂位完成		20:0
12	2019/7/19	五	正	熊本縣：五反畑キャンプ場	無	電話0967-24-2229		隨時	Free
13	2019/7/20	六							
14	2019/7/21	日		熊本縣：東橫INN熊本			已訂		
15	2019/7/22	一	正	鹿兒島縣：さえずりの森	78月無休	可透過網站訂位	mail預定完成	9:00~17:00	16:
16	2019/7/23	二							
17	2019/7/24	三	正	宮崎縣：宮崎白浜オートキャンプ場COCO	無	電話0985-65-2020	已發mail	9:00~18:00	14:0
18	2019/7/25	四	正	宮崎縣：御鉾ヶ浦公園キャンプ場	無	電話0982-52-2111	要預約	隨時	Free
19	2019/7/26	五	正	大分縣：志高湖キャンプ場	無	電話0977-25-3601	已發mail	8:30~17:00	13:
20	2019/7/27	六	正						
21	2019/7/28	日	正	福岡縣：菖蒲谷池公園キャンプ場	無	電話093-771-5136		9:30~20:30	Free
22			備	福岡縣：金比羅キャンプ場	無	電話093-882-4281		9:00~22:00	Free
24	2019/7/29	一		福岡縣：東橫INN福岡			已訂		
25	2019/7/30	二		回家住					

共用

K	L	M	N	O	P	Q
費用	洗澡	洗衣	備註	網站	Facebook	Twitter
可能1000元	無	無				
無料	無	無				
自由營位1000，汽車營位2000	淋浴300 (ムツゴロウ公園內)	無	shoukoukankou@city.ogi.lg.jp	https://www.city.		
520	淋浴免費	無	nourinsuisan@city.ogi.lg.jp	https://www.city.		
2040	無	無	只有六個營位	http://www.soyo		
無料	淋100/3min	無				
1540	淋100/3min	無	五個棧板營位，滑草一天100	https://sakino.tog	https://www.fa	
人頭410，營位1030	淋浴有，大浴場320	無		https://www.gkam	https://www.fa	
大人500，小人300	淋浴有	無				
40	淋浴10S洗到飽	無	tobita@darwin.local	http://www.saezu		
自由1030，格子3020有電	淋100	洗200，乾100		http://www.mbs1		
無料	無	無				
人頭320，停車430	無	無	spm37mk9@dolphin.ocn.ne.jp	http://www.shida		
無料	無	無	在小石公民館受付			
無料	無	無	在戶畑生涯学習センター受付			

日期

最基本的資料，日期與露營地或飯店資料配合才不會不小心跑錯地點。如果日期剛好遇到假日、地方上的祭典或其他特別的活動，代表住宿的需求量會變高，可能就要考慮事先訂位。

星期

有一些露營地是有定休日的，可能是每週的某一天，控管表加入這個資訊以免在不對的日子去了不該去的營地。另外，跟台灣一樣，週六那一天出來露營的人會變多，如果你預排的營地剛好在週六的話，那就要注意一下營位數量，必要時最好訂位或有替代方案。

營地 / 飯店

營地或飯店的名稱。

休息日

有的營地有訂每週的某一天是休息日。

預約方法

如果是自由營位，很多官網會寫明不需要預約，少部分會註明必需要預約，另外有很多則是沒有寫清楚，而劃位營位或木屋最好要先預約。所以這個欄位我會寫上如果需要預約需打電話的號碼，或是可以用 email 或在官網上預約，如果不需要預約我也會寫清楚。

訂位情況

註記是否已經訂位或是不需要訂位，或是發 mail 等待回覆的狀態。

受付時間

這個時間指的是營地管理員上班的時間，如果超過這個時間到達營地就沒有辦法登記露營，在旅途中雖然常常行程滿檔，但一定要在這之前到達營地。

入場時間

入場時間是註記最早可以開始搭帳的時間，如果太早到達營地也只能等一等了。

出場時間

出場時間是註記第二天最晚要收帳完成的時間。

費用

營地費的計算方式。

洗澡

註記營地是否有提供淋浴或泡湯，以及費用。把這項資訊列表就可以知道是不是好幾天沒法在營地洗澡，看是否要找附近的溫泉，或是更換營地。

洗衣

註記營地是否有提供洗衣、烘衣設備，以及費用。

備註

記錄一些其他會用到的資訊。

網站

　　記錄官方網站網址，如果有其他細節沒記到的可以直接上官網查詢。日本有很多營地是沒有官方網站的，但可能會有其他網頁會有相關資料，也可以將網址寫入。如果是用 Google Sheets 製表的話，直接點選即可在瀏覽器中開啟。

Facebook

　　註記粉絲專頁網址。有的營地會設有官方 Facebook 粉絲專頁，除了可以看到營地資訊之外，也可以試著在粉絲專頁直接跟小編聯絡訂位事宜，聯絡時如果不會日文直接試著用英文溝通看看。如果已經可以透過網站或 email 訂位，本欄可以省略。

Twitter

　　註記 Twitter 網址。跟台灣人的習慣不同，日本人比台灣人還要常用 Twitter，除了可以看到營地資訊之外，也可以試著跟小編聯絡訂位。如果已經可以透過網站或 email 訂位，本欄可以省略。

Part5
露營裝備

輕裝登場

　　海外露營的裝備應該以輕裝為主，考量飛機行李重量限制及收搭方便，儘可能採用輕量的帳篷、睡袋、桌椅及炊具，或是多用途裝備（例如：行動電源兼做營燈），甚至有可能還要考慮捨棄椅子改坐在地墊上，或是捨棄一些非必要的裝備。

輕裝登場：SDE-080 帳篷、輕量桌、月亮椅

從台灣帶裝備或是在日本買裝備？

　　有一些玩家不帶帳篷去日本，直接在日本買帳篷再帶去露營區使用。有幾種方式：下飛機租車後，直接去露營用品店採購帳篷及其他設備；或是先查好欲購的帳篷，請店家寄到第一天要住的飯店；或者是請店家寄貨到機場，下飛機之後領取。這些方式都需要事先查好店家是否有貨、可否調貨，聯絡飯店代收，查詢機場收貨服務的處理方式。

　　許多新手會有露營裝備是從台灣帶去或是在日本買比較好的疑問，如果這個裝備（尤其是帳篷）是你在台灣已經熟悉的，那或許也可以在日本買了直接用，否則仍建議最好由台灣帶熟悉的裝備過去，以避免麻煩以及不必要的風險。

　　另外，有的露友會以為在日本買日本品牌的帳篷會比在台灣買還要便宜，但這個訊息不一定正確，像是台灣人愛用的 snow peak 帳篷在日本買與在台灣買已經沒有什麼價差了，在日本買反而無法直接享受維修等售後服務，而其他有一些品牌的確在日本買會比在台灣買便宜，因此如果您是為了價錢而選擇在日本採購帳篷，建議最好先事先查詢目標商品在台灣與日本的價差。

Note 營地是否可租借帳篷？
　　　　有的有，有的沒有，沒有的居多，故選擇營地時須留意營地提供的服務及設施有哪些。

充電設備

在日本主要是體驗無電露營，除了少部分營地的炊事棟或管理棟可能會有公用插座之外，大部分都無法充電，所以像手機或相機等電子產品的充電就需要特別準備，最方便的就是在開車過程中利用車上電源進行充電。

在日本租到的車子（尤其是小型車）通常沒有直接提供 USB 電源插座，但一定會有點煙頭，所以我們要利用點煙頭供應的 12V 電源，方法大致有兩種，第一種是點煙頭外接專用車用充電器（12V 轉 5V USB 充電器），將車上 12V 電池轉為 USB 插孔輸出，再自行接上充電線為手機或 3C 充電。選購專用車用充電器時要注意標示的輸出電壓及電流，一般來說如果輸出電流小於 1A 的話，手機的充電效能可能會不好，詳細情況請依據各露友狀況，再詳閱車用充電器規格以及各別手機充電需求。

另一種方式是點煙頭外接逆變器（電源轉換器），將 12V 的電壓轉換成 110V 的電壓，逆變器上有我們一般常用的插座，再配合延長線分接插座，如此可同時充電數個電子產品，而且不限於 USB 接頭（例如：相機、筆電）。注意！請勿將吹風機等高功率電器接在逆變器上，會使車上 12V 點煙頭的保險絲燒掉。市面上逆變器的規格從 100W~3000W 都有，一般來說 100W 已經可以滿足好幾支手機同時充電的能力。

❶ 12V 轉 5V USB 充電器 ❷ ORICO QC3.0 快速充電器（照片摘自 Rakuten 樂天市場）

綜合歸納來說，專用車用充電器的好處是體積小，但僅能用 USB 充電；逆變器的好處是不限於 USB 接頭，但體積略大。

不管用哪種方式充電，車上的供電效能不可能像一般市電的供電能力，如果同時有相機、充氣機、數支手機爭相充電時，就可能會充不滿，因此建議也要準備行動電源，若有多餘的充電容量時可以預先把行動電源充滿，再用行動電源為其他裝置充電。

在營地時，少數會提供公用電源給無電營位者使用，不過通常插孔數都非常少，此時延長線（電源延長分接插座）就可以適時派上用場。

 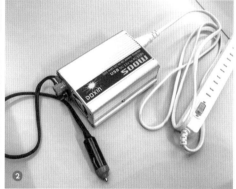

❸ 逆變器（150W）與延長線分接插座 ❹ 逆變器（500W）與延長線分接插座

帳篷

一般來說，帳篷若依是否需打釘與否主要可分為自立式帳篷及非自立帳篷（搭設式帳篷）兩種，自立式帳篷可以不需要打釘即可搭設，就最常見是像蒙古包式的帳篷，優點是不受地形影響，搭設簡單又快速，主要兩支骨架交叉即可立起；非自立帳則需要下釘才能立起帳篷，種類變化比較多，像是金字塔式、雙峰式或是隧道式（蟲帳）。以從前的帳篷設計來說，通常自立式帳篷是比較入門的帳篷，造型簡單，搭設時間也比較快，非自立式帳篷通常算是比較進階的帳篷，造型較有變化，搭設需要稍微多一些技巧。不過現在新式的帳篷設計很多都混合了兩種特色，像知名的人氣帳篷 Snow peak SDE-001 的內帳是自立式，而外帳及前庭空間就需要下釘才能搭起。

Coleman 氣候達人圓頂 270

型式	代表性帳篷	結構說明	優缺點
蒙古包式	Coleman 氣候達人圓頂 270	內帳為交叉骨架式，自立式免下釘，外帳（含前庭）需下釘	優 搭設快速，重量尚可，防水佳，部分場合可僅搭設內帳 缺 前庭空間狹小
雙峰式	Soulwhat 雙峰帳	兩支垂直主柱，非自立式帳篷，需下釘	優 重量輕，搭設快速，使用空間大 缺 需準備長粗營柱，抗風能力主要與下釘品質有關
隧道蟲式	Snow peak SDE-080	由三拱形柱及外帳布幕撐起，非自立式帳篷，需下釘，未拉側向抗風繩時骨架較軟	優 不拉抗風繩時搭設速度快，重量輕，前庭空間尚可 缺 不拉抗風繩時骨架較軟，怕大風，拉抗風繩時搭設速度慢
	迪卡儂 Arpenaz Family 4.1	由三拱形柱及外帳布幕撐起，非自立式帳篷，需下釘，未拉側向抗風繩時骨架較軟	優 前庭空間充足，不拉抗風繩時搭設速度快，重量尚可，價格親民 缺 不拉抗風繩時骨架較軟，怕大風，拉抗風繩時搭設速度慢
充氣式	Nature Hike 蟲洞 小型充氣帳	由三拱形氣柱及外帳布幕撐起，非自立式帳篷，需打氣，需下釘	優 搭設快速，前庭空間充足，重量尚可，柔性結構不怕風 缺 氣柱無法完全排氣，收帳後體積很難達到最小

海外露營的帳篷選擇建議優先考量收搭速度，再來是重量，一般而言，若是兩人用的小型帳篷大部分都是輕巧又易於收搭，若是四、五口之家要在海外露營使用的帳篷，就要考慮一下這頂帳篷是否有易於收搭的優點，至於帳篷的重量我會建議不要超過十公斤，若能八公斤以下又更好。以下列舉幾種適合一家四、五口海外露營的帳篷。

Nature Hike 蟲洞小型充氣帳

如果您想要使用的帳篷沒有在上面列舉的清單，可以自行研判帳篷的設計及特色比較類似哪一個，再做綜合研判比較。

❶ Snow peak SDE-001 ❷ Snow peak SDE-080 ❸ 迪卡儂 Arpenaz Family 4.1 ❹ Soulwhat 雙峰帳

寢具

非常建議以羽絨睡袋來代替蓋在身上的被子，羽絨睡袋有重量輕、體積小、保暖佳的優點，非常適合作為海外露營裝備。一般來說若不是在非常寒冷的天氣露營，大約 600 克左右的羽絨睡袋已經足夠使用，不過還是要看一下羽絨睡袋標示的舒適溫度是否符合使用需求。

在台灣露營時一般常用的充氣睡墊（迪卡儂或歡樂時光）及充氣枕頭可以直接帶去海外露營，而有的朋友習慣在充氣床墊下再鋪地墊，建議海外露營就可不用再帶地墊以減輕重量。充氣睡墊雖然舒服但卻有一些重量，而且還要加帶電動充氣機（需充電）或手動充氣機（體積大），如果是想要再減輕重量的話可以考慮改帶一般登山露營常用的蛋殼泡棉摺疊睡墊（蛋巢睡墊），但躺起來就沒有充氣睡墊來的舒適。

❶ QTACE 羽絨睡袋（600g）、迪卡儂充氣枕、迪卡儂充氣睡墊（190×120×11cm/3.5kg）❷ 迪卡儂充氣睡墊（200×140×11cm/2.3kg）、電動充氣機、手動打氣機 ❸ 蛋殼泡棉摺疊睡墊

桌椅、電扇

　　海外露營用的桌椅怎麼帶其實跟玩法有關，如果是採移動式露營邊走邊玩為主，因為時常換點不會一整天待在營地，所以不一定要帶椅子，可以考慮在客廳或前庭鋪上地墊席地而坐即可，桌子就用配合席地而坐高度的矮桌或小摺桌，需要煮食時就去炊事棟使用公用桌椅。如果是會定點在營地待比較久，那就自備桌椅會比較舒適，輕量桌、月亮椅、小摺椅都是很好的選擇。

　　暑假期間在四國、中國及九州地區露營時，有時晚上還是會有一點熱，因為是以無電露營為主，使用電扇的話可以選擇小型充電式電扇，或以行動充電器為電源之電扇。

❶ 不帶椅子時，只用地墊與小摺椅也可以很舒服 ❷ N9-FAN STAND USB 桌上型隨行風扇 ❸ 便攜式鋁合金戶外折疊桌 ❹ Snowline 輕量桌 ❺ Nuit 輕量桌、小摺桌、USB 充電風扇 ❻ Helinox 月亮椅

輕量桌、月亮椅、小摺椅

調味料、爐具、鍋具

　　料理會用到的主要調味料可以事先在台灣準備好，像是鹽、醬油、食用油…可事先用小瓶裝好，但要注意液體不可超過 100CC，以免無法通過海關檢查，另一種方式則是到日本的第一天去商店購買小瓶裝的醬油及食用油，一般超市都會有小瓶裝的醬油及食用油，但單價比較高，建議可以去日本的百元商品店（像是 DAISO）購買，都只要 100 元日幣。

　　卡式瓦斯爐雖然在眾多爐具種類當中不算是最輕量，但其體積重量並不算太大，一般來說也適合海外輕裝露營用。如果還要再選用更輕的爐具，可以考慮登山用的高山爐（或蜘蛛爐），高山爐使用的是高山瓦斯罐，當然也可以改用卡式瓦斯罐加轉接頭來解決。

　　鍋具的準備與飲食習慣及要怎麼煮有關，鍋具與菜單搭配才能達到精簡及輕量的目標。如果是一家四口準備一鍋煮的食物外加自煮白飯，這樣主要準備的是一鍋煮的中小型鍋子及煮白飯用的小型鍋；如果是準備數道配菜，這樣就要帶數個小型鍋。小型鍋建議採用登山用鋁或鈦金屬的輕量套鍋組。此外，如果需要用到小炒鍋的話，也可以在到日本的第一天，先到生活五金百貨（像 Homac 或 Komeri）採買最便宜的小型不沾鍋，用到最後一天離開日本時再決定帶回台灣或資源回收。

裝著食物的輕量鍋、
薄強化瓷盤、小型不沾鍋

❶ 廣受好評的岩谷卡式爐，可由台灣帶去，或是直接在日本買，之後再帶回台灣 ❷ 日本百元商品店 DAISO 購買的小瓶裝醬油及食用油 ❸ 左邊：高山爐接高山瓦斯罐，右邊：蜘蛛爐先接轉接頭，再接卡式瓦斯罐 ❹ 輕量鍋套組 ❺ 薄強化瓷盤、薄金屬盤 ❻ 自備分裝的調味料

照明

　　海外無電露營的照明裝備建議採用瓦斯燈、電池式燈具、充電式燈具，另外常見的汽化燈是沒有辦法上飛機的，所以排除在外。

　　瓦斯燈通常體積不會太大，不過海外露營要使用的瓦斯燈我仍然會找體積小一點的，所需的瓦斯罐無法上飛機，必需在日本當地購買，一般在連鎖生活五金百貨採購會比較便宜。大部分瓦斯燈所用的是高山瓦斯罐，日本的高山瓦斯罐比卡式瓦斯罐貴得多，如果有帶轉接頭的話就可以改用卡式瓦斯，而使用卡式瓦斯時燈的亮度會略遜於高山瓦斯。卡式瓦斯罐比較瘦長，底座面積較小，因此卡式燈也會比較不穩，要特別注意別誤碰弄倒。

瓦斯燈接高山罐

有些有經驗的露營玩家會把卡式瓦斯轉灌至高山瓦斯罐，若有帶轉灌頭去日本的話，通常可以在營地的資源回收場找到用完的高山瓦斯空罐，再自行轉灌。雖然轉灌的燃料是卡式瓦斯，但高山罐的底座較穩定，瓦斯燈比較不易弄倒，安全性提升。（注意：轉灌瓦斯需要有專業知識做為輔助，轉灌具有一定的風險，不建議未曾轉灌過的新手嘗試）

　電池式燈具可準備手電筒、露營燈、頭燈，所需之電池一樣可以在連鎖生活五金百貨採購會比較便宜。充電式燈具近來最熱門的是 N9 Lumena 行動電源照明燈，是一種綜合 LED 燈及行動電源的產品，體積小，亮度極高（1000 流明以上），發光不發熱，本身即是行動電源，有時也可當做夜間攝影補光之用，相當適合海外無電露營用，唯一缺點是價格較高。

❶ 瓦斯轉灌頭 ❷ 瓦斯轉灌頭裝在高山瓦斯罐上 ❸ N9 Lumena 行動電源照明燈 ❹ 卡式瓦斯轉灌至高山瓦斯罐 ❺ N9 Lumena 行動電源照明燈

衣物

　　日本南方外島沖繩的氣候與北台灣差不多，去沖繩露營的話不論季節都可以比照在北台灣的情況準備衣物。

　　日本本土位在高緯度地區，四季分明，夏熱冬寒，冬天時除了九州有一些營地仍有開放之外，其他大部都是關閉的。夏天去日本本土露營時，白天最高溫大約25~33度，一般來說也跟台灣差不多熱，適合短袖衣物，但入夜之後氣溫會下降，晚上大約 15~20 度，日夜溫差大約 10~13 度（請參考第 20 頁日本各地氣溫變化圖），最好需要準備薄外套，如果露營的地方位在山區裡面或是北海道、東北地區等，那最好準備像輕羽絨外套等級以上的衣物。

準備物品清單參考

列舉日本自駕露營準備物品參考清單如下表，讀者可再依各自實際需求進行調整。

隨身行李、手提行李		
• 護照	• 日幣	• 信用卡
• 駕照譯本、台灣駕照	• 網路卡	• 手機
• 機票確認單	• 訂房單	• 水瓶
• 單眼相機	• 電動充氣機	• 行動電源、行李秤
• 筆記型電腦	• 帽子、外套	• 醫藥包
• 防曬乳、防蚊液	• 打火機	• 購物袋

行李箱		
• 衣、褲、襪	• 毛巾	• 盥洗包、化妝包
• 個人藥品、衛生用品	• 指甲刀、牙線	• 衛生紙、濕紙巾
• 吹風機	• 洗衣精、洗衣袋、衣架	• 掛繩、扣環
• 拖鞋	• 飯匙、湯瓢、刨刀	• 鍋、碗、盤、筷、匙、杯
• 調味料	• 洗碗精、菜瓜布	• 碗籃、豬尾巴
• 小刀、輕便砧板	• 瓦斯燈、燈芯	• 轉接頭、轉灌頭
• 營燈、手電筒	• 卡式瓦斯爐或高山爐	• 逆變器、延長線
• 相機腳架、自拍棒	• 雨傘、雨衣	• 大黑垃圾袋、髒衣袋
• 乾淨抹布、髒抹布		

帳篷袋、裝備袋		
• 帳篷	• 地布	• （前庭）營柱
• 營釘、營槌	• 營繩、彈性繩	• 充氣睡墊、充氣枕
• 睡袋	• 輕量桌	• 野餐墊、地墊
• 月亮椅、輕便椅	• 摺疊水桶	

註：

1. 電動充氣機、相機、筆記型電腦…等內含鋰電池，無法託運，請放手提行李。

2. 水瓶可以日本喝完的飲料瓶代替，防曬乳、防蚊液、打火機、雨傘、雨衣可在日本當地購買。

3. 盥洗包裡放分裝之小瓶沐浴乳、牙刷、牙膏。

4. 鹽或胡椒粉用小罐分裝，醬油及沙拉油可在日本百元商品店買到小罐裝之產品，超市也有小罐裝但比較貴。

5. 習慣用炒鍋的人也可以在日本買，第一天下飛機後到生活五金百貨選購輕便廉價的小炒鍋，回台灣前再決定在日本回收或帶回台灣。

6. 轉灌頭用來將卡式瓦斯罐轉灌到高山瓦斯罐。

7. 大黑垃圾袋用來收濕帳用。

行李打包

　　行李分為手提行李以及託運行李，手提行李只要符合航空公司的重量規定並注意禁止物品即可，而託運行李要另外考慮到達日本之後行李如何放入租車的後車箱，各種裝備及行李要怎麼歸類，行李箱的大小在打包前就要事先考慮好。

　　一般來說出國旅遊大多會用硬殼行李箱來打包所需用品，但對於海外自駕露營來說，託運行李的大小要考量租用的車子所能放置的空間，如果是行李空間較小的車輛，行李箱大小很可能需要用塞的才能放進去，硬殼行李箱因為不方便擠壓，會使車輛裝載行李變得困難不方便，因此建議儘量採用軟質（或半軟質）的行李箱來打包露營行李。

軟質行李箱的優點是彈性空間比較大，比較好塞入形狀不規則的東西，也比較容易擠進行李空間（像是車子的後車箱），但軟質行李箱也有缺點，裡面的東西較易受到擠壓，如果塞太飽的話拉鏈也比較容易爆開。另一種選擇是露營用品的裝備袋，除了沒有滑輪之外，其優點與軟質行李箱類似，一般露營用品店或網購都可以買得到。

打包好的行李一定要每一件都秤重（可以使用行李秤）並記錄起來，確認沒有超過航空公司的規定，旅遊回程重新打包的行李也請記得要逐件秤重。以一家四口來說，去程時（還未採買戰利品）建議託運行李總重量控制在 80 公斤以下，有經驗的日本自駕露營玩家常常會控制到 70 公斤，甚至是 60 公斤以下。

❶ 行李打包完畢：中軟質行李箱、小軟質行李箱、裝備袋、帳篷袋、手提行李（手提袋、相機包、筆電）❷ 除了小行李手提之外，全部大行李只需要一台推車

Part6

露營三餐、
洗澡與洗衣

關於三餐

　　三餐不外乎自己現煮、吃預先買好之熟食，或者是外食，通常在營地的早餐可以吃前晚在超市買好的麵包、牛奶，時間夠的話也可以簡單煮食，中餐時間大多已離開營地在踩點或跑行程當中，以外食較為方便，晚餐的選擇比較多，可以在外用餐完再回營地，或是買超市便當或食物回營地食用，或是購買食材回營地煮食。

　　外食的花費會比自己煮還要高，如果要節省旅費的話，建議可以去連鎖平價餐廳，或是去 Hotto Motto 連鎖便當店，也可以去超市買現成的熟食或便當，甚至偶而吃一下泡麵。

❶ 在營地自己煮一餐，超市買生魚片加菜 ❷ 外食拉麵 ❸ 外食連鎖平價餐廳 ❹ 超市採買隔天早餐要吃的麵包、牛奶，以及晚上要煮的食材 ❺ 外食海鮮丼飯

營地料理

★ 簡單的露營菜單

海外露營因為爐具及鍋具裝備的限制以及食材保存不方便,無法像我們在台灣露營時可以隨心所欲地準備複雜的料理,在顧及便利性的情況下,露營簡單開伙即可,以下介紹幾項方便、快速且食材便宜的露營菜單。

日本超市有許多熟食選擇,比方:便當、烤肉串、炸魚、可樂餅、壽司…,買好直接在附設休息區吃,或帶到營地食用都很方便。

超市熟食

超市買現成的熟食,直接在附設休息區食用

菇菇棒棒腿

所有食材放進鍋裡加醬油及水煮熟即可完成。

• 食材:棒棒腿、鴻禧菇、洋蔥。

菇菇棒棒腿

　　白菜、花椰菜、荳菜在日本都是物美價廉的蔬菜，另外有的超市也會有賣冷凍綜合蔬菜，直接清炒就是一道簡單美味的菜餚。

炒蔬菜

炒白菜

炒花椰菜

炒綜合蔬菜

炒荳芽菜

日本超市跟台灣一樣，在冷凍食品區也販售炒飯，直接用鍋子加熱即可食用。

炒飯

炒飯、炒荳芽菜、乾煎肉片、
海帶芽蛋花湯

日本超市可以很容易找到已經處理過的肉類食材，例如：豬肉片、牛肉片、魚片、魷魚片、蝦，有的會經過醃漬處理，可直接煎熟食用，十分方便。

乾煎肉類、海鮮

乾煎肉片

乾煎裹粉雞排

乾煎魚片

乾煎魷魚

乾煎蝦子

乾煎廣島大牡蠣（可在日本
COSTCO 買到食材）

麻婆茄子

麻婆茄子醬包加少許水煮滾，茄子切塊加
入煮軟即可完成。

• 食材：麻婆茄子醬包、茄子。

麻婆茄子

醬燒茄子

絞肉炒至八分熟，加水及醬油煮滾，茄子
切塊加入煮軟即可完成。

• 食材：茄子、絞肉、醬油。

醬燒茄子

沖泡湯包

　超市販售的沖泡湯包，沖熱水就可以喝
了。

沖泡湯包

將白菜、荳芽菜、鴻禧菇全部入鍋煮成蔬菜湯也很方便。

蔬菜湯

連日的日本之旅讓您想念台灣美食了嗎？來弄個餛飩湯吧，日本雖然買不到生餛飩，但可以自己買食材來做。

餛飩湯

將部分蔥切成蔥末，部分切成蔥花，絞肉與蔥末混合攪拌包入餛飩皮，鍋子裝水煮滾下餛飩，餛飩煮熟後下蔥花，完成。

· 食材：餛飩皮、絞肉、蔥。

餛飩湯

超市可以找到餃子皮及餛飩皮

包餛飩

完成

172

　　如果想節省時間，也可以考慮一餐只煮一鍋菜的「一鍋煮」料理，好處是方便做、簡單吃、快速洗，一鍋煮適合配白飯或白麵一起吃，以下介紹幾項可快速完成的一鍋煮露營菜單，所有的食材都可以很容易在一般超市買到。

蔬菜豆腐鍋

所有食材放進鍋裡加水煮熟並調味即可完成。

• 食材：豆腐、白菜、鴻禧菇、豆芽菜。

蔬菜豆腐鍋

親子丼

洋蔥及雞肉入鍋，倒入醬油加水一起小火煮熟，洋蔥半軟，將蛋打散倒在肉的上方煮至 7 分熟左右，完成。

• 食材：洋蔥、雞肉、雞蛋。

親子丼

豬排丼

冷凍豬排用油煎熟，表面呈金黃色，倒入醬油加水一起小火煮滾，將蛋打散倒在豬排的上煮至 7 分熟左右，完成。

• 食材：裹好粉的冷凍豬排、雞蛋。

豬排丼

豚丼

洋蔥切好入鍋炒香，倒入醬油加水一起小
火煮滾，加入肉片煮熟，完成。

- 食材：洋蔥、豬肉片。

豬排丼

什錦火鍋

直接選購超市特價食材，煮成火鍋湯。

什錦火鍋

什錦火鍋

奶油白菜鍋

肉片煎至表面金黃，倒入水煮滾，加入白醬料理塊攪拌使其均勻，加入冷凍
綜合蔬菜及大蔥煮熟，完成。

- 食材：北海道白醬料理塊、肉片、冷凍綜合蔬菜、大蔥。

奶油白菜鍋

白醬料理塊

★ 用瓦斯爐煮白飯

　　白飯是台灣人的主食，雖然在露營時候不方便用電鍋煮白飯，可是露營幾乎都會準備瓦斯爐（卡式爐或是高山爐），所以我們可以用瓦斯爐煮白飯，而且我認為瓦斯爐煮白飯是露營玩家的必備技能。瓦斯爐煮白飯有好幾個方法，以下介紹我們家習慣的方法，方法不難，學會了不只在日本露營可以用，在台灣露營或在家裡都可以用。

　　洗好米把水瀝乾之後，將米放入鍋內，加入水，米與水的比例是 1:1.2，也就是白米若是 1 杯，水就加到 1.2 杯，接著開火煮到水滾。接下來是重點，水煮滾之後蓋上鍋蓋轉至最小火，就是小到再轉下去會熄火的那種小火，悶煮十分鐘，此時切記不可打開鍋蓋，十分鐘後熄火，此時可以一直悶著等到要吃時再打開，就會有一鍋香噴噴的白飯了。米與水的比例可以依個人喜好略增或略減，如果可以，用厚一點的鍋子完美度會比較高（註：一杯米的容量是 200ml，一杯米可以煮出兩碗白飯）。

❶ 用瓦斯爐煮白飯 ❷ 白飯完成

日本人大會烤（照片黃士昌先生提供）

★ 烤肉的準備

在日本露營會看到日本人非常喜歡烤肉，而且是幾乎每一帳都烤，有時被烤肉香味薰到受不了也想要入境隨俗，可是身在海外的我們準備烤肉裝備卻是不容易。如果要方便烤肉的話可以準備小型瓦斯烤爐，這種烤爐以卡式瓦斯為燃料，直接點火就可以開始烤，省去升火的時間，但缺點是烤肉會滴油進入爐身內部不易清理。另外生活五金百貨也會賣可棄式簡易烤肉台及木炭，也是另一種選擇，而日本的露營場大多會有專門棄置廢棄木炭的空間或設備，請依露營場的規定勿亂丟棄。至於烤肉的食材直接去超市採買即可，有時在特別的節日期間，超市還會推市烤肉專用的食材。

❶ 日本生活五金百貨賣的簡易烤肉台（照片黃士昌先生提供）❷ 瓦斯烤爐 ❸ 用瓦斯烤爐烤肉

素食者可以這樣吃三餐

我們家雖然不是素食者，但因為好幾次有素食朋友一同去日本自駕露營，所以對素食的準備也有心得。一般我們在台灣的素食者大部分都是宗教原因而吃素，主要有幾種：

種類	說明
全素	只吃植物，但不吃五辛，不吃肉及任何動物性製品。
奶素	吃植物，可吃奶類製品，但不吃五辛，不吃肉及任何動物性製品。
蛋素	吃植物，可吃蛋類製品，但不吃五辛，不吃肉及任何動物性製品。
奶蛋素	吃植物，可吃奶類及蛋類製品，但不吃五辛，不吃肉及任何動物性製品。
五辛素	吃植物，五辛可吃，不吃肉及任何動物性製品。註：五辛指的是蔥、蒜、韭、薤、興渠（洋蔥）等五種植物。

日本人的素食或是日本餐廳裡的素食料理常常與我們台灣人的素食定義不同，很多日本人理解的素食是「精進料理」，也就是日本和尚吃的餐點，是指不吃肉類但魚類或貝類可以，大部分日本人不知道五辛對絕大多數台灣素食者是屬於葷腥類，日本的醬油常常有含有鰹魚，日本的湯頭裡可能已經用了洋蔥熬煮在裡頭，所以台灣的素食者在日本吃東西是相對麻煩的。在日本露營的素食朋友可以這樣吃三餐：

餐廳外食

- 台灣料理餐廳：通常都是台灣人開的，跟老闆溝通容易。
- 中華料理餐廳：很多是華人開的，可以用中文溝通你要的素食方式。
- 有蕎麥麵或烏龍麵的餐廳：最好自備醬油。
- 義大利餐廳：有些有奶蛋素的 Pizza 或義大利麵。
- 印度料理餐廳：印度料理本身就有很多的素食選擇。

便利商店或超市

有即食的白飯或素食麵包，豆皮壽司、紅豆壽司、梅子壽司，水果大餐也很棒。基本上，在便利商店或超市只要仔細看食品成份都可以找到符合的素食，日文書寫的食品成份可以用 Google 翻譯手機 App，將日文予以拍照，再由 Google 翻譯從相片中自動辨識日文，並翻譯成中文。

自己準備食物

在超市購買食材自己煮，雖然花一點時間，但這方法最安全。如果時間不夠，想要用最簡單的方式準備素食，可以這樣做：

- 自己煮白飯，或在超市、便利商店買現成白飯，配台灣自備素肉鬆。
- 煮麵沾自己帶的素沾醬。
- 超市買豆皮，加白飯包成豆板壽司。
- 自製素食散壽司，白飯加壽司醋，再加蛋皮、黃瓜絲 ... 隨便加什麼素料都可以。

❶ 吐司及素抹醬（紅豆果醬及玉米沙拉果醬）❷ 素火鍋（豆皮、香菇、玉米、蔬菜）❸便利商店買的現成白飯 ❹ 便利商店買的紅豆飯 ❺ 素食麵包與飲品 ❻ 玉米蛋花湯、炒高麗菜、炒花椰菜、炒蛋、水煮玉米、白飯、素肉鬆 ❼ 素火鍋（紅蘿蔔、花椰菜、玉米）

⑧ 紅蘿蔔炒蛋 ⑨ 馬鈴薯（加少許水，慢火油煎，簡單調味） ⑩ 素食麵包，自己泡咖啡 ⑪ 超市買的溫泉蛋 ⑫ 素義大利麵

照片 1~5、7~11 由郭美琪小姐提供，照片 6、12 由陳虹吟小姐提供

洗澡

在日本露營時有時可利用露營場附設的洗澡設施，如果營地不提供洗澡就要去附近找地方泡湯。在日本露營主要有幾種洗澡方式：

★ 投幣式淋浴

投幣式熱水淋浴是日本露營區最常出現的洗澡設施，有乾、濕分離的隔間，空間都不大，先在「乾」脫好衣服放籃子或架子，再進到「濕」開始淋浴。通常是投入 100 或 200 日元可以出 3 分鐘或 5 分鐘的熱水，可調整熱水溫度，洗澡到一半想抹沐浴乳時可以按下暫停鈕停止出水及計時，需要時再按一次出水，暫停可以好幾次，但也有按暫停出水時繼續算時間的，通常投幣一次或兩次以內再配合適時的暫停，就可以洗個舒服愉快的澡了。

❶ 投幣式淋浴有乾、濕分離的空間，但空間不大 ❷ 投幣式淋浴機 ❸ 投幣式淋浴機的開始鈕及暫停鈕（一時停止）

❶ 溫泉泡湯的公共休息區 ❷ 有的溫泉泡湯會附設食堂 ❸ 室內溫泉泡湯（照片黃淨愉小姐提供）

★ 淋浴澡堂

費用通常含在營地費裡，有的要另外算人頭收費，大約每人 200 元日幣。脫鞋進去後，會有一個衣櫃區的公共空間，在這邊脫衣服袒誠相見，再進去澡間淋浴，淋浴區可能有隔間及浴簾，或是根本無隔間，洗好擦乾再進到衣櫃區穿衣服、吹頭髮，洗澡不限時間，只要在淋浴間打烊前出來即可。在這種地方衣櫃很多沒有附鎖，因此洗澡請不要帶貴重物品。

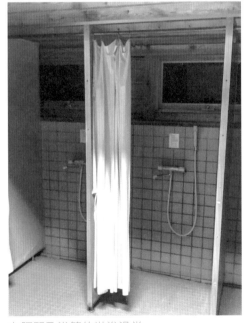

有隔間及浴簾的淋浴澡堂

★ 溫泉泡湯

少數的露營場會另設有溫泉泡湯，沒有附有洗澡設施的大部分也可以在附近找到溫泉泡湯（非露營場附設）。這種溫泉泡湯每家的收費不同，普通的泡湯大約每人日幣400~600元，高級泡湯價格不一定，高中生以下大約半價。脫鞋放櫃子入場後，會有公共休息區，再進到男湯或女湯的簾子內，入內後先是衣櫃區（可免費上鎖）及梳粧區，在此脫光衣服袒誠相見，進入到溫泉池區旁邊會有很多淋浴位子，一定要先在此洗淨身體才能進去溫泉池泡澡，泡好一樣擦乾再回到衣櫃區梳粧區穿衣服吹頭髮，出了男湯或女湯簾外可在公共休息區等待同行親友。

日本泡湯的風俗民情與台灣略有不同，請留意相關禮儀和守則，例如：在淋浴位子勿站著沖澡、避免潑灑到他人、入湯時需全裸、長頭髮需盤綁起來不可浸在浴池裡、不能將頭潛入水中、毛巾不能放入溫泉裡。日本溫泉大多謝絕有刺青者入浴；有少部分的泡湯會有特殊規定，比方不得使用香皂、沐乳或洗髮精。另外，在這種地方泡湯你會發現日本人洗澡都洗得超久超仔細的。

至於如何找尋露營區附近溫泉泡湯，請參見本書第204頁「利用やどココ網站搜尋日本溫泉」。

戶外溫泉泡湯（照片黃士昌先生提供）

衣物換洗

　　一般如果出國天數不多是可以將髒衣服帶回台灣，如果旅程超過一個禮拜常常就需要在旅途中洗衣服了。有些露營地還有飯店會附有投幣式的洗衣機、烘衣機，不過通常功率都不會太高，如果全家累積好多天的衣服一起處理會很花時間，尤其是烘乾衣服。

　　如果衣服比較多可以考慮市區的自助洗衣店，洗衣機、烘衣機的功率會高一點，處理起來比較方便，如何找尋露營區附近自助洗衣店，請參見本書第 200 頁「利用ロケマス搜尋日本店家」。

　　如果是一兩件輕薄的衣物，也可以考慮在露營區就用手洗再把水擰乾，然後綁繩掛在帳篷旁，或是掛在車邊，也可以鋪在車上的椅背或擋風玻璃下晾乾。另一種解決方式是帶比較舊本來就要淘汰的衣物，穿髒了直接丟棄，在市區購買新的衣物。

❶ 自助洗衣店（照片黃士昌先生提供）　❷ 帳篷邊晾衣服　❸ 車邊晾衣服（照片何偉宏先生提供）

Part7

實用的
日本商店

超市

　　日本的超市提供的商品及服務幾乎可以滿足自助旅行者的所有生活需求，如果沒逛過日本超市的朋友，第一次進去逛應該是會迷失在裡面吧，不是在超市裡迷路，而是迷失在尋找各種新奇的商品裡。超市裡提供的商品種類及數量遠遠超過一般的便利商店，當然價格也更加的親民，對我們在海外露營的人來說，各種重要的補給完全可以在超市裡解決，比方說：蔬、果、魚、肉、調味品、飲料、乳品、酒類、零食、麵包、泡麵、便當、炸物、可樂餅......。另外卡式瓦斯罐通常超市也有，但如果要找更便宜的瓦斯罐，建議可以去類似台灣 B&Q 的生活五金百貨找（後面有介紹）。

　　日本超市有一項特色，便當、熟食、生鮮魚肉到了傍晚因上架超過一段時間，便會有特價銷售，而且越晚折扣越多，只見工作人員拿著貼標機，一個個在商品貼上醒目的 2 割引（打 8 折）標籤，再晚一點改貼 3 割引......，到了晚上七、八點變成半額（5 折），甚至 7 割引（3 折），不過此時很多比較熱門的半額商品也所剩無幾了。像我個人就很喜歡超市裡的握壽司便當，它的新鮮與美味程度有時還會比某些日本鄉下較不知名的迴轉壽司店還要好，價格當然也較親民，尤其貼著特價標籤的握壽司便當幾乎是每回的必買商品了。

　　為了吸引買氣，超市裡有時也會有特定商品的促銷折扣，像是肉品或蔬菜類。有一次我們家本來打算在超市買一些現成的熟食回營地吃，但是不小心看到一大包才特價日幣 10 元的荳芽菜，還有另一次是看到兩大包才日幣 68 元的鴻喜菇，七條肥大的刺身等級鮮蝦才日幣 200 元，於是我們迷失了自己，除了買了特價品，也另外買了其他食材回到營地煮食，看來超市的促銷手段是相當成功的。

　　超市大多不會主動提供塑膠袋給客人包裝商品，很多超市的結帳員會另外問需不需要塑膠袋，雖然很多的超市塑膠袋是免費的（有些超市的手提塑膠袋要收費），為了響應環保，我大多會自行備購物袋，而結帳出口附近通常也會有免費

的紙箱可以使用。比較大的超市在結帳區外會提供保冷用的冰塊，也會有微波爐及休息座位區，在買完超市便當後可以利用微波爐加熱，悠閒地在休息區用餐。

在幾個日本連鎖超市中，Aeon（イオン）、MaxValu、BIG、Acoop（Ａコープ）是我個人最喜歡的日本超市，有機會也請讀者親自去逛逛體驗一下。

❶ BIG 超市也是屬於 Aeon 集團，好買、商品樣式多、又有許多優惠，是我最喜歡的日本超市之一 ❷ 有些超市的手提塑膠袋要收費 ❸ 超市蔬果區 ❹ 超市飲料區 ❺ 超市熟食炸物 ❻ 打七折的超市食品 ❼ 打對折的超市食品 ❽ 超市便當 ❾ 超市生鮮魚類

生活五金百貨

　日文中的ホームセンター（Home Center）其實就是類似台灣 B&Q 和 HOLA 這種的生活五金百貨或居家生活百貨，或是販售建材、工具、五金、家電、工作服飾…等的商家。非食物類的補給品在生活五金百貨買會比較便宜，像是卡式瓦斯罐、木炭、電池，也可以臨時添購平價的露營用品，例如小桌、小椅、露營燈。常見的連鎖生活五金百貨有東日本及北海道地區的ホーマック（Homac），而コメリ（Komeri）則是全日本都有分店。

❶ Homac 是東日本及北海道地區知名的ホームセンター ❷ Homac 也可以買到自有品牌 DCM 的露營用品

平價連鎖餐廳

　　經由媒體及社群網站的宣傳，大家對日本美食料理應該都不陌生，在旅途當中安排美食大餐絕對是最高享受，不過若是長時間旅程中餐餐都來上名物海鮮料理或高級和牛大餐，可能會讓我們的血液指數及荷包吃不消，所以，下面介紹幾家「平價」的日式連鎖餐廳，這幾家都是方便、美味又價格親民，是流浪日本的良伴：

すき家 (SUKIYA)

　　牛丼、豚丼、生魚丼飯、咖哩飯、定食早餐都值得嘗試。店面在市區或市郊都有，大部分是 24 小時開放，附有停車位，是日本自助旅遊宵夜、早餐的良伴。

すき家蔥花牛丼加蛋

松屋

　　牛丼、豚丼、咖哩飯、定食早餐都很不錯，餐點自動附湯，價格親民。店面主要分布在市區或車站附近，大部分是 24 小時開放，大多沒有附停車位。

松屋的牛丼單點（免費附湯）

松屋的牛丼套餐（免費附湯）

丸龜製麵

丸龜製麵是烏龍麵專賣店，熱麵、冷麵都有，麵質 Q 滑有勁，炸物也十分好吃，價格十分親民。

丸龜製麵價格十分親民

烏龍麵的湯、蔥花及炸物麵衣屑
可以依自己喜好加入

なか卯 (NAKAU)

主要有丼飯、咖哩飯及烏龍麵，也有早餐定食。

なか卯海鮮丼加烏龍麵

なか卯擔擔麵

ガスト (GASTO)

ガスト是家庭餐廳，有多種的西式餐點、咖哩飯、定食，搭配自助飲料及湯品。

ガスト套餐

くら寿司 (藏壽司 KURASUSHI)

くら寿司是日本人氣連鎖迴轉壽司，最大賣點是每盤 100 日元，食材新鮮超值，除了火車上迴轉的美食之外，也可以透過桌邊螢幕現點餐點直送桌前，每吃完五盤還可以抽獎，是我們每次去日本必吃的平價名店。

くら寿司每盤 100 日元

はま寿司（HAMASHUSHI）

はま寿司也是日本人氣連鎖迴轉壽司，平日每盤 90 日元，假日每盤 100 日元，食材新鮮超值，也可以透過桌邊螢幕現點現做直送桌前。

はま寿司平日每盤 90 日元 / 假日每盤 100 日元

幸樂苑

幸樂苑是日本知名連鎖拉麵店，全日本有 500 家以上的分店，價格十分親民，主要拉麵種類有醬油、味噌、鹽味，也有沾麵，另外還會根據各季節不同推出限定版拉麵。

幸樂苑是價格親民的連鎖拉麵店

ラーメン山岡家 (山岡家拉麵)

山岡家拉麵的湯頭非常濃郁，點餐時可以選擇麵的軟硬度、湯的濃度以及油脂的多寡，店家會提供冰水，若還沒有習慣真正日本拉麵厚重湯頭的人，可能要一直配著冰水才能吃完一整碗拉麵了。

山岡家拉麵湯頭濃郁

便當店

　　在日本外食還有另外一種選擇，Hotto Motto（ほっともっと）是日本便當業界規模最大的連鎖店，簡稱 HM 便當，2011 年創立至今已經大約有超過 2500 家的分店，遍布全日本有所的都道府縣。店內無用餐座位，便當必須外帶食用，所有便當都是現點現做，大約有四、五十種以上的定食套餐可以選擇，點餐完要稍等大約十分鐘才能領取。除了位在鬧區的分店之外，大部份店家都附有停車場，相當適合自駕旅行者。

❶ Hotto Motto 便當店 ❷ Hotto Motto 現做日式便當

休息站（道之驛）

　　道之驛（道の駅）就是公路休息站，由日本國土交通省負責登錄認可，是指一種設置在「一般公路」旁、具有休憩與振興地方等綜合功能的道路設施，目前全日本有登記的道之驛超過 1100 個。道之驛通常都有 24 小時停車場、廁所以及類似超市的商店或名產店，但商店有固定營業時間，有的道之驛還會提供與當地文化、景點、特產有關的商業服務或活動，部分道之驛會附設溫泉泡湯、淋浴或露營場。如果臨時有車中泊的需求，建議可以到道之驛，這裡相對的方便及安全。

❶ ❷ 道之驛

尋找日本店家 🔧

　　在日本自駕露營旅遊當中，一定會常常需要臨時尋找日本店家，找尋日本店家有幾個方法：利用 Google Map 搜尋、利用店家的官方網站搜尋，或是在網路上有時也可以找到熱心人士整理出類似日本全國超市地圖（全国スーパーマーケットマップ）這類型的網站……等，不過最方便好用的是利用ロケスマ（ROKESUMA）尋找。如果要找溫泉的話，最方便的是利用やどココ（yadococo）網站。

★ 利用 Google Map 搜尋日本店家 🔧

用 Google Map 找日本商店要儘量輸入日文才能找到比較齊全的資訊，輸入英文或中文也可以找到一些日本店家的資料，但有時會有一些錯誤或不是你想要的資訊，而英文略優於中文。如果您不會輸入日文，可以先用翻譯軟體或 App 中翻日，再剪貼至 Google Map，或是把會用到的日文先準備好儲存在手機的文書 APP 裡，臨時需要用到時再複製到 Google 中使用。

超市

超市的日文叫做「スーパーマーケット」或簡稱「スーパー」，就是英文 Supermarket 的讀音直譯，直接在 Google Map 裡輸入「スーパー」的日文就會出現周圍的各個超市位置及名稱。在 Google Map 搜尋到的超市有時會有像是小雜貨店的店家，若是要採買食材的話可能就不見得符合需求，搜尋到的超市也可以先點選看有沒有照片以及街景來看一下研判是不是你要去的地方。

便利商店

便利商店的日文叫做「コンビニエンスストア」，或簡稱「コンビニ」，就是英文 Convenience Store 的讀音直譯，用日文搜尋便利商店時請輸入「コンビニ」。

加油站

用日文搜尋時請輸入「ガソリンスタンド」（Gasoline Stand 讀音直譯）。

生活五金百貨

用日文搜尋時請輸入「ホームセンター」（Home Center 讀音直譯），不過在日本ホームセンター的定義比較廣，在地圖上找到地標後最好點進去看一下是哪一種ホームセンター，有時不會是你想要的那一種。建議比較好的方式是直接輸入店名搜尋，例如：Komeri 或 Homac，Komeri 是日本最大分店最多的連鎖五金百貨，Homac 是在東日本及北海道有很多分店的連鎖五金百貨。

餐廳

餐廳的日文是「レストラン」，就是英文 Restaurant 讀音直譯，但不建議您用 Google Map 直接輸入「レストラン」或「Restaurant」、「餐廳」來尋找，因為會找到的餐廳類型及數量太多，無法找到您要的特定餐廳。比較建議您直接輸入餐廳的名字來搜尋，但各餐廳日文名稱不是常用日文字，若您不懂日文時就會變得很麻煩。如果您要找的是連鎖餐廳，建議改用以下介紹的「ロケスマ」。

道之驛

請用日文「道の駅」輸入搜尋，用中文是找不到的。

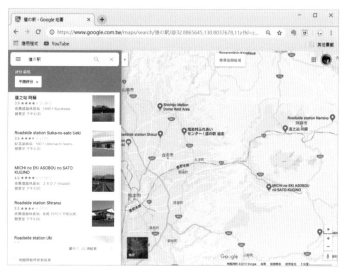

利用 Google Map 搜尋「道の駅」

★ 利用ロケマス搜尋日本店家 🔧

「ロケスマ」（網址：https://www.locationsmart.org）是一款整合日本地區連鎖品牌商店及公共設施所在地的工具，ロケスマ唸起來像是 ROKESUMA，其名稱是由 Location Smart 的讀音日語化後，再各取兩個單字的前兩個音節轉變而來，由 Location Smart 的意思就可以推想這個工具的想要呈現的特色，而事實上這個工具已經算是找店神器了。ロケスマ目前有手機 App 以及網頁版，因為在日本自駕露營旅遊中一定會需要搜尋店家，因此強烈建議安裝手機 App 版。

ロケスマ手機 App 畫面中，第一個標籤是連鎖店，包括：食物類（橘色）、購物類（藍色）以及服務類（桃色），第二個標籤主要是一些公共設施，第三個標籤是一些蒐集來的 Google My Maps 選輯，第四個標籤是我的最愛，第五個標籤是搜尋歷程。

連鎖店、公共設施、蒐集來的
Google My Maps 選輯、我的最
愛、搜尋歷程

ロケスマ手機 App

第一個標籤是連鎖店，橘色
大項是食物類

200

點選左側圖示會進入地圖並標註附近所有連鎖超市的位置

點選右側數字圖示,則會出現日本各大超市的圖標

第一個標籤是連鎖店,藍色大項是購物類

第一個標籤是連鎖店,桃色大項是服務類

第二個標籤主要是一些公共設施

第三個標籤(Google My Maps 選輯)裡有一些觀光旅遊景點或設施

第四個標籤是我的最愛

第五個標籤是搜尋歷程

　　例如要搜尋超市，首先到第一個標籤第二大項的購物分類（藍色），找到「スーパー」欄點選左側圖示，會進入地圖並標註附近所有連鎖超市的位置；若是點選右側數字圖示（數字代表連鎖商數目），則會出現日本各大超市的圖標（第一項 JA 直売所並不是你想像的一般超市，請不要當成採買補給點），圖標左邊有星號，點選星號則會記錄在我的最愛（第四個標籤）裡，圖標右邊有超市的名稱以及該連鎖商的店鋪數量，店鋪數量越多的排在越前面，點選某一特定超市的圖標，會進入地圖，但只會標示該種超市的位置。在地圖中點選某超市圖標會出現該超市的資訊框，標示重要資訊：與你的距離、營業時間、停車場…等，點選資訊框會進入詳細資訊頁面；也可以點選下方圖示則可以直接導航過去。

　　第三個標籤（Google My Maps 選輯）裡有一些觀光旅遊景點或設施，分類做的十分詳細，甚至也有露營場的整理。

　　在日本自駕露營旅行中會需要搜尋的店家主要有：各類餐廳、便當店、便利商店、超市、生活五金百貨、超市、加油站、溫泉、休息站（道の駅）、自助洗衣店……，全都可以利用ロケスマ來搜尋。

附近所有連鎖超市的位置

各大超市的圖標

點選星號則
會記錄在我
的最愛

Note 第一項 JA 直売所並
不是一般超市，類似農會
的銷售據點，銷售內容及
對象每家都不同，請不要
當成採買補給點。

只顯示「業務スーパー」的
位置

點此會有
詳細情報

點選想去的
業務スーパ
ー

點此進行
導航

★ 利用やどココ網站搜尋日本溫泉

　　やどココ網站（網址：https://yadococo.net/）是一款整合住宿及日歸溫泉、錢湯、公車路線、公車站、道之驛、鐵道……等的網站，以地圖呈現所要尋找的目標，或者稱之為地理資訊系統更為適當。yadococo 網站裡登錄的溫泉資料非常豐富，日歸溫泉以及飯店旅館的溫泉都有，搜尋類型有：一般溫泉、錢湯（澡堂）、足湯、露天溫泉、大浴場、桑拿，在地圖上找到有興趣的溫泉後，點選圖標即可出現費用、營業時間、泡湯類型、停車場、附設餐廳…等相關資訊。在日本的旅途中，如果要比較仔細的尋找溫泉，非常推薦使用 yadococo 網站。

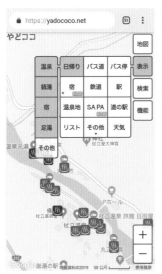

設定要顯示的資料

點選圖標即可出現費用、營業時間、泡湯類型、停車場…等相關資訊

點選外觀後，可查看街景

Part8

旅遊預算參考
與計畫範例

旅費概估以及日幣現金準備

　　整體旅遊費用包括：來回機票、租車、汽車加油、營地費、飲食、生活補給、景點購票、伴手禮、購物……等，依其特性可分為三類：

已知的費用

像是機票、租車、船票、旅館住宿費、Expressway Pass…等，是還沒有出發到日本前就已經先訂好的或已經知道費用的。這類的費用如機票是信用卡已先付款的，租車及旅館住宿費可以到日本當到再以信用卡付款，不需要用到日幣現金。

可以概估的費用

像是自由營位的營地費、汽車加油、日常飲食、生活補給、一般景點購票、停車…等，都屬於此類，這裡的日常飲食是指大部分都是吃平價連鎖餐廳以及營地自行煮食，這些費用尚未實際發生，但可以依經驗概估。依經驗這個部分的總合以一個四口之家（二大二小）來算的話大約可以每日10,000~12,000日元來概估，如果你們的成員不是二大二小，再請自行依比例及人口組成調整。

<h2>不易概估的費用</h2>

像是回國前會採買的伴手禮、藥粧、日本家電或 3C 產品、頂級美食、高價娛樂費、額外交通費，這類費用是不太容易在事前詳細預估的，或是依個人喜好或需求不同，每個人發生的費用差異會很大的，又或許臨時看到很喜歡的東西而大買特買、逛超市看到喜愛的高級食材而爆買、臨時行駛自動車道動的通行費（人工收費），這部分的花費建議直接自行依照需求提列預算。另外，幫親友代購雖不是真正自己的花費，但可能需要準備日幣現金。

因此，整體旅費的概估即是將前面三類費用加總起來。至於要準備多少日幣現金呢？第一項絕大部分是可以採用信用卡消費，第二類費用主要採用日幣現金消費，第三項費用的話雖然有些商家是可以用信用卡付款的，但在準備帶出國的日幣現金時，可以把第三類費用假設為全部都是用現金支出比較有餘裕，總合這三類需採用日幣現金的費用，再多加一些預備金，就是要準備的日幣現金總額。而在旅行的尾聲，如果身上還留有比較多的日幣，就可以多採用日幣支付，少用信用卡。

列舉我們家 2018 年北海道及東北 30 日之旅的旅費概估及實際花費比較如下表。預算估計總費用 187,211 台幣，實際花費 174,191 台幣；概估日幣現金花費 356,600 日圓，實際準備 410,000 日圓，實際花費 310,100 日圓。

北海道及東北 30 日自駕露營旅費評估表

費用類別	行前旅費概估	實際花費
已知的費用	機票 4 人，函館進、仙台出： 刷卡 37,752 台幣 北海道租車 10 日： 刷卡 33,200 日圓 東北租車 16 日，異地還車： 刷卡 87,885 日圓 渡輪 4 人，函館至青森： 現金 6,600 日圓 東橫 INN 青森、盛岡、仙台共 5 日： 刷卡 56,097 日圓 合計：37,752 台幣 +183,782 日圓	同左： 37,752 台幣 + 183,782 日圓
可以概估的費用	營地費、汽車加油、日常飲食、生活補給、一般景點購票、停車，30 天： 現金 10,000 日圓 ×30 =300,000 日圓	實際花費合計： 266,000 日圓
不易概估的費用（提列預算）	藥粧預算[2]：現金 10,000 日圓 伴手禮預算[2]：現金 10,000 日圓 美食名店預算[3]：現金 30,000 日圓	藥粧實際花費： 7,600 日圓 伴手禮實際花費： 8,500 日圓 美食名店實際花費： 21,400 日圓
費用總計	總計： 37,752 台幣 +533,782 日圓 換算台幣總計[1]：187,211 台幣	總計：37,752 台幣 + 487,782 日圓 換算台幣總計[1]： 174,191 台幣
日幣現金	需準備日幣現金總合：356,600 日圓 實際準備日幣現金：410,000 日圓	實際花費日幣現金： 310,100 日圓

1. 日幣換算台幣以當時平均匯率 0.28 計算。
2. 作者去日本已經很多次，先前已經採購過藥粧及伴手禮，因此這次旅遊對藥粧及伴手禮需求較少，預算編列比較低，請讀者再依各自需求編列。
3. 作者比較不重視名店美食，預算編列比偏低，請讀者再依各自需求編列。

計畫範例

　　本書列舉幾個自駕露營計畫範例，從短時間六日到十幾日的路線都有，以日本自駕露營初體驗來說，比較推薦北海道或沖繩，有經驗之後可以再去日本其他地方自駕露營。範例中會列舉造訪點、紮營或住宿點，讀者可依喜好選擇部分前往或自行調整，有些造訪點（例如祭典）會有季節或時間限制，或是不同季節會有不同景色，也要依實際情況調整。

沖繩 6 日

　　沖繩離台灣近，飛機大約 1.5 小時可到達，本範例的六日遊行程只紮營兩個露營區，相常適合日本自駕露營初體驗者。範例列舉的乙羽岳森林公園露營場及沖繩總合運動公園露營場在冬季也有開放，也可以安排寒假成行。

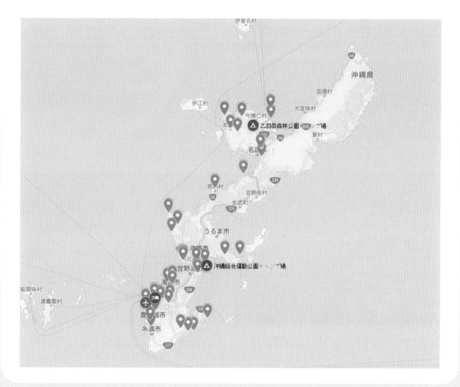

Day 1

🏕 紮營：乙羽岳森林公園キャンプ場

乙羽岳森林公園為森林系露營地，小巧幽靜，近名護市區。出那霸機場後，先進超市補給後再到露營區。

Day 2

📍 造訪點：八重岳、岸本食堂、海洋博公園、古宇利大橋、古宇利島

🏕 紮營：乙羽岳森林公園キャンプ場

本日不換營地。列舉造訪地點皆在名護市區周邊，海洋博公園有免費海豚表演可以欣賞，岸本食堂的沖繩麵號稱沖繩最美味。

❶ 乙羽岳森林公園キャンプ場 ❷ 岸本食堂沖繩麵 ❸ 海洋博公園免費海豚表演 ❹ 古宇利大橋

Day 3

景點：萬座毛、殘波岬、海人食堂

紮營：沖繩総合運動公園キャンプ場

本日收帳移動至新營地，由乙羽岳移動至総合運動公園途中順道造訪景點。
総合運動公園為公營露營場，設備完善，附有多項大型遊具。

❶ 沖繩総合運動公園キャンプ場 ❷ 萬座毛 ❸ 殘波岬 ❹ 海人食堂海鮮丼

Day 4

造訪點：勝連城、海中道路、伊計島、中城城跡、中城公園

紮營：沖繩総合運動公園キャンプ場

本日不換營地，至周邊景點遊玩。

❶ 勝連城 ❷ 海中道路 ❸ 伊計島

Day 5

📍 造訪點：通堂拉麵、首里城、玉泉洞、中本鮮魚天婦羅

🏠 住宿：那霸市區飯店

早上收帳，晚上飯店住宿。

❶ 通堂拉麵 ❷ 首里城 ❸ 玉泉洞

Day 6

📍 造訪點：波上宮、奧武山公園、海軍壕公園、那霸市區購物

🏠 住宿：回到溫暖的家

本日最後一天將回到台灣，在還沒上飛機前到附近逛逛。奧武山公園、海軍壕公園有超大型溜滑梯，是小朋友的最愛。

❶ 波上宮 ❷ 海軍壕公園

北海道 6 日

　　北海道在なっぷ網站有登錄的露營地大約有 350 個以上，其中免費營地就有 90 個以上，北海道露營場地完善、乾淨，自然風光優美。北海道露營地平均水準是全日本最高的，而且北海道的露營區很習慣接待外國觀光客，郊外道路寬敞易於駕車，所以相常適合日本自駕露營初體驗者，在暑假期間，露營場內也常常會遇到來自台灣的露友。北海道面積超過兩個台灣大，觀光資源豐富，就算玩兩個月也玩不完，可以排出來的旅遊行程千變萬化，在此本書僅先列舉由新千歲機場進出，天天換營地 6 日快速走馬看花繞北海道一小圈的行程。

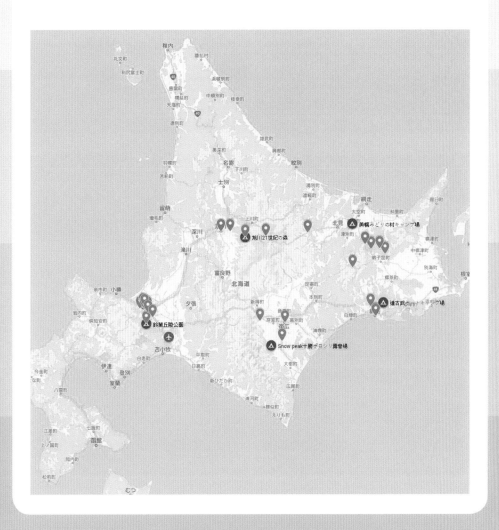

Day 1

📍 造訪點：十勝千年の森、幸福駅、十勝豚丼

🏕 紮營：Snow peak 十勝ポロシリ露營場

⛺ 第一天出千歲機場後，行駛自動車道直奔帶廣。

❶ 十勝豚丼 ❷ Snow peak 十勝ポロシリ露營場 ❸ 幸福駅

Day 2

📍 造訪點：釧路濕原、幣舞橋夕陽、釧路爐端燒

🏕 紮營：達古武オートキャンプ場

達古武オートキャンプ場距市區有一小段距離，建議到營地之前先行補給。

❶ 釧路濕原 ❷ 達古武オートキャンプ場

Day 3

🔍 造訪點：摩周湖、硫黃山、砂湯、美幌

⛺ 紮營：美幌みどりの村キャンプ場

摩周湖風景絕美，靜謐、深邃而遺世獨立。砂湯在屈斜路湖旁，在沙灘邊徒手挖洞就有溫泉湧出。

❶ 摩周湖 ❷ 硫黃山 ❸ 砂湯 ❹ 美幌みどりの村キャンプ場

Day 4

🔍 造訪點：旭山動物園、成吉思汗大黑屋燒烤

⛺ 紮營：旭川 21 世紀の森

旭山動物園非常推薦，與動物近距離觀察接觸，可以在裡面玩一整天。

❶ 旭山動物園 ❷ 旭川 21 世紀の森

Day 5

造訪點：Sapporo 啤酒工廠、北海道神宮、白色戀人觀光工廠、札幌巨蛋、狸小路商店街、湯咖哩

紮營：鈴蘭丘陵公園

鈴蘭丘陵公園本身就有許多大型遊具及森林遊樂園設施可玩，小朋友會玩到不想回家。札幌是北道第一大城，有非常多市區景點可以逛。

❶ 湯咖哩 ❷ 北海道神宮 ❸ 札幌巨蛋 ❹ 鈴蘭丘陵公園森林遊樂園設 ❺ 鈴蘭丘陵公園キャンプ場

Day 6

造訪點：北海道廳舊本廳舍、時計台、大通公園、札幌市區購物

住宿：回到溫暖的家

本日回台灣，上飛機前在札幌市區觀光。

北海道 11 日

再列舉由函館機場進出北海道的 11 日行程，最後再回到函館後，如果沒有回台灣，也可以再搭乘渡輪到本島的青森繼續玩。

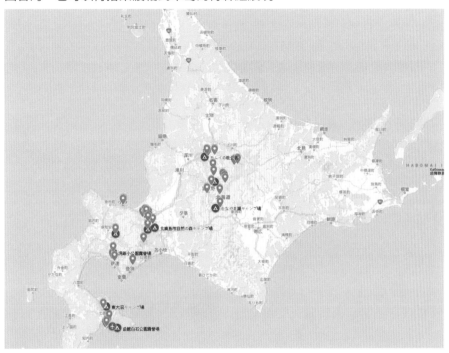

Day 1

造訪點：八幡坂、金森倉庫、五稜郭公園、小丑漢堡

紮營：函館白石公園露營場

出函館機場後建議先去市區附近景點遊玩，沿路補給完之後再進白石公園紮營。

① 金森倉庫
② 函館白石公園露營場

Day 2

📍 造訪點：洞爺湖八景、とうや水の駅、昭和新山

⛺ 紮營：洞爺小公園露營場

本日移動路途較遠，建議可以行駛自動車道。

❶ 洞爺湖八景 ❷ 洞爺小公園露營場

Day 3

📍 造訪點：登別地獄谷、支笏湖、羊蹄之丘展望台、札幌巨蛋

⛺ 紮營：北廣島市自然の森キャンプ場

拔營後可先去登別地獄谷，再到北廣島。北廣島在札幌旁邊，與札幌為同一個生活圈。

登別地獄谷

Day 4

📍 造訪點：旭川市科學館、成吉思汗大黑屋燒烤

⛺ 紮營：カムイの杜公園

杜公園是免費露營場，附有大型兒童遊具。本日可進行旭川市區觀光。

カムイの杜公園

Day 5

造訪點：旭山動物園、旭岳纜車、姿見池、旭岳

紮營：カムイの杜公園

本日不換營地。旭岳是北海道第一高峰，可乘纜車上旭岳展望台，周邊步道及姿見湖都值得走，體力佳的可考慮旭岳攻頂。旭岳與旭山動物園都是要花比較多時間遊玩的景點，建議擇一。

❶ 姿見池
❷ 旭岳

Day 6

造訪點：青池、白鬚瀑布、十勝岳展望台、拼布之路、北西展望台、四季彩之丘

紮營：日の出公園オートキャンプ場

青池以其青色的水池顏色而著稱，陽光映射下的夢幻青池，唯美宛如仙境。

❶

❷

❸

❶ 白鬚瀑布 ❷ 青池 ❸ 拼布之路

❶ 四季彩之丘 ❷ 日の出公園オートキャンプ場

Day 7

📍 造訪點：富田農場、精靈露台、五郎の石の家

⛺ 紮營：かなやま湖キャンプ場

薰衣草季節到富田農場，可見到美麗花海。

❶ 富田農場 ❷ 精靈露台
❸ かなやま湖キャンプ場

Day 8

◯ 造訪點：北海道庁旧本庁舍、時計台、大通公園、札幌巨蛋、狸小路商店街

🏕 紮營：鈴蘭丘陵公園

鈴蘭丘陵公園本身就有許多大型遊具及森林遊樂園設施可玩，小朋友會玩到不想回家。札幌是北道第一大城，有非常多市區景點可以逛。

❶ 時計台 ❷ 鈴蘭丘陵公園

Day 9

◯ 造訪點：小樽運河、小樽三角市場、京極名水公園、羊蹄山下賞景

🏕 紮營：京極町スリーユーパークキャンプ場

離開札幌後先繞去小樽，再到京極町。京極町就在羊蹄山下，抬頭即可見到有北海道富士山之稱的羊蹄山。

❶ 京極町スリーユーパークキャンプ場 ❷ 小樽運河 ❸ 京極名水公園

Day 10

造訪點：大沼國定公園、道南四季の杜公園、函館山夜景

紮營：東大沼キャンプ場

本日移動路途較遠，建議可以行駛自動車道。東大沼キャンプ場是免費露營場，大沼湖面平靜如鏡。函館山夜景算是北海道最知名的景點，可乘纜車上山，亦可於晚上十點管制結束之後自駕開車前往。

❶ 函館山夜景 ❷ 函館山纜車 ❸ 東大沼キャンプ場

Day 11

造訪點：函館朝市、函館市區購物

住宿：回到溫暖的家

本日回台灣，上飛機前在函館市區觀光。

函館朝市海鮮丼

東北 19 日

日本東北地區包括：青森縣、岩手縣、秋田縣、山形縣、福島縣、宮城縣，面積大約是台灣的 1.8 倍大，知名景點包括：十和田湖、奧入瀨溪流、十和田美術館、鬼の手形、龍泉洞、中尊寺金色堂、角館、入道崎燈台、羽黑山五重塔、藏王御釜、山寺、銀山溫泉、TOTORO 之木、豬苗代湖、大宿內、淨土平吾妻小富士、磊磊峽、秋保大瀑布、松島。另外，東北各地都有自己的地方祭典，熱鬧非凡，可以強烈感受到地方特色文化，強力推薦：青森睡魔祭、秋田竿燈祭、仙台七夕祭、弘前睡魔，這些祭典大約都是每年的 8/1~8/8 舉辦。地方特色美食例如：味噌咖哩牛奶拉麵、喜多方拉麵、盛岡冷麵、仙台牛舌⋯，非常值得一試。如果要一次遊玩全部東北地區，需要安排比較多天的行程，以下介紹由青森出發，沿途參加地方祭典，自駕露營 19 日至仙台出日本的行程。

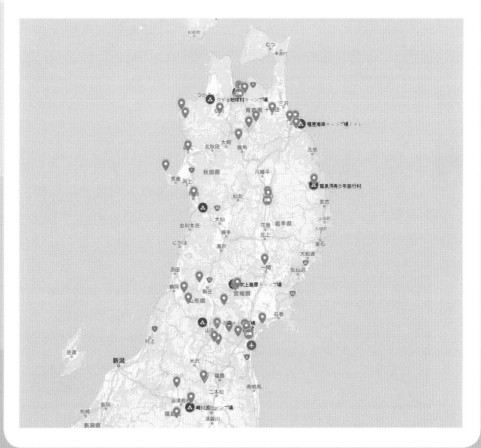

Day 1

◯ 造訪點：青森灣大橋、A factory、味噌牛奶咖哩拉麵

🏯 住宿：青森東橫 Inn

第一天到達青森方式可由飛機直達青森空港，或由函館搭船或 JR 至青森，或是由日本其他地方搭 JR 過來。首日至青森應該已經比較晚了，先住青森東橫 Inn，以步行方式在市區內觀光。

❶ 青森灣大橋 ❷ A factory ❸ 味噌牛奶咖哩拉麵

Day 2

◯ 造訪點：睡魔之家、八甲田丸、青森物產館瞭望台、原食堂魚乾拉麵、青龍寺

🏯 住宿：青森東橫 Inn

本日續住青森東橫 Inn，青森市區觀光。

❶ 睡魔之家 ❷ 八甲田丸

Day 3

📍 造訪點：十和田湖、奧入瀨溪流

⛺ 紮營：青森縣八戶市種差海岸キャンプ場

由青森市移到至八戶市，沿途遊玩知名的十和田湖及奧入瀨溪流。種差海岸キャンプ場位在海邊，有非常大非常美麗的草皮。

❶ 奧入瀨溪流 ❷ 種差海岸キャンプ場

Day 4

📍 造訪點：館鼻岸壁朝市、十和田美術館、八食市場、八戶三社大祭

⛺ 紮營：青森縣八戶市種差海岸キャンプ場

本日不換營地，在八戶市附近遊玩。十和田美術館位在十和田湖與八戶市之間，也可以安排前一天就先去。

❶十和田美術館 ❷八戶三社大祭 ❸種差海岸キャンプ場 ❹種差海岸夕陽

Day 5

📍 造訪點：八戶礦山、龍泉洞

⛺ 紮營：岩手縣龍泉洞青少年旅行村

早上收帳移動到龍泉洞，沿途經過八戶礦山，到龍泉洞後建議先至營地紮營再外出採買或觀光。龍泉洞是日本三大鐘乳洞之一。

❶ 龍泉洞 ❷ 八戶礦山 ❸ 龍泉洞青少年旅行村

Day 6

📍 造訪點：鬼之手形、盛岡高松公園

⛺ 紮營：秋田県立中央公園

本日換營地至秋田，沿途經過盛岡市區，可至鬼之手形觀光，鬼之手形乃岩手縣名稱的由來。

❶ 鬼之手形 ❷ 秋田県立中央公園

Day 7

📍 造訪點：能代能源公園、入道崎燈台、秋田竿燈祭

🏕 紮營：秋田縣立中央公園

本日不換營地。白天可至能代能源公園、入道崎燈台參觀，入道崎燈台是手機遊「旅行青蛙」的知名景點。如果剛好可配合得上秋田竿燈祭的舉行時間，非常推薦參加。

❶ 秋田竿燈祭 ❷ 能代能源公園 ❸ 入道崎燈台

Day 8

📍 造訪點：十二湖青池、大岩海岸、弘前睡魔祭

🏕 紮營：青森縣つがる地球村キャンプ場

今日收帳移動回到青森縣境內，沿途經過十二湖青池、大岩海岸，如果剛好季節配合，晚上可參加弘前睡魔祭。

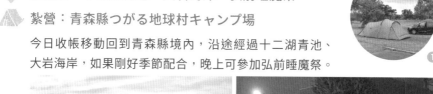

❶ つがる地球村キャンプ場 ❷ 大岩海岸 ❸ 弘前睡魔祭

Day 9

造訪點：つがる地球村大型遊具、青森
睡魔祭

紮營：青森睡魔祭臨時夏季露營場

早上收帳先至つがる地球村大型遊具讓小
朋友放電，進青森市區後至睡魔祭臨時夏
季露營場紮營，這是免費營地，不需要預
定，可容納至少 200 帳以上，晚上是重頭
戲－青森睡魔祭。如果不是睡魔祭期間，
這個臨時營地是不開放的，需再找尋其他
露營地。

❶ 青森睡魔祭 ❷ 青森睡魔祭臨時夏季露營場

Day 10

造訪點：小坂町、盛岡城跡公園、櫻山神社、盛
岡冷麵

住宿：岩手縣盛岡東橫 Inn

本日拔營直奔盛岡住宿東橫 Inn，可行駛自動車道以
節省時間。沿途經過小坂町，有小坂礦山事務所、康
樂館及鐵路博物館可逛，到盛岡後，以步行方式在市
區內觀光。

❶ 盛岡冷麵 ❷ 小坂町小坂礦山事務所 ❸ 櫻山神社

Day 11

🔍 造訪點：中尊寺、鳴子溫泉、鳴子峽

🏕 紮營：宮城縣吹上高原キャンプ場

今日移動至宮城縣境，沿途經過中尊寺金色堂、鳴子溫泉、鳴子峽，傍晚紮營吹上高原キャンプ場

中尊寺（照片摘自中尊寺官網）

Day 12

🔍 造訪點：銀山溫泉、TOTORO 之木、立石寺

🏕 紮營：山形縣いこいの森キャンプ場

本日移動至山形市附近寒河江市いこいの森キャンプ場，沿途經過銀山溫泉、TOTORO 之木、立石寺。銀山溫泉是電視劇「阿信」裡的場景，很有復古浪漫的氛圍。

❶ 銀山溫泉 ❷ TOTORO 之木 ❸ いこいの森キャンプ場

Day 13

📍 造訪點：羽黑山五重塔、弥陀ヶ原（彌陀原）

⛺ 紮營：山形縣いこいの森キャンプ場

本日不換營地。彌陀原是月山附近的高地濕原，在步道中悠遊漫步相當舒服，羽黑山五重塔也在附近，可一同前往。

羽黑山五重塔

Day 14

📍 造訪點：藏王御釜、藏王溫泉

⛺ 紮營：山形縣いこいの森キャンプ場

本日不換營地。藏王御釜是藏王山頂的火山口湖，湖水碧藍，並隨著陽光及霧氣千變萬化。前往的方式有自駕至山頂，或是中途搭乘纜車前往。

藏王御釜

Day 15

📍 造訪點：長谷川食堂喜多方拉麵、大內宿

⛺ 紮營：福島縣豬苗代湖崎川浜キャンプ場

本日收帳移動至福島縣豬苗代湖，崎川浜キャンプ場是免費營地，可直接紮營在湖邊。前往營地途中可品嘗日本三大拉麵之一的喜多方拉麵，再前往三大茅草屋聚落之一的大內宿。

❶ 長谷川食堂喜多方拉麵 ❷ 大內宿 ❸ 豬苗代湖崎川浜キャンプ場

Day 16

🔵 造訪點：淨土平吾妻小富士、桶沼、五色沼、猪苗代湖玩水

🏕 紮營：猪苗代湖崎川浜キャンプ場

本日不換營地。淨土平吾妻小富士是一座小火山，登頂難度不高，登頂後可看到漂亮的火山口。下午可回營地在猪苗代湖湖畔玩水。

❶ 猪苗代湖崎川浜キャンプ場 ❷ 淨土平吾妻小富士 ❸ 桶沼

Day 17

🔵 造訪點：磊磊峽、秋保大瀑布

🏕 紮營：宮城縣仙台市水の森公園

本日收帳移動到宮城縣仙台市，沿途經過磊磊峽、秋保大瀑布。水の森公園在市區附近，補給相當方便。

❶ 磊磊峽 ❷❸ 水の森公園

Day 18

📍 造訪點：仙台大觀音、松島、仙台牛舌、仙台市區購物

🏠 住宿：仙台東橫 INN

最後一天住宿仙台東橫 INN。仙台是日本東北地區最大城市，回台灣前可在仙台採購伴手禮，並品嘗仙台牛舌。松島乃日本三景之一，值得一探。

仙台牛舌

Day 19

📍 造訪點：仙台觀光巴士、仙台城、八幡宮

🏠 住宿：回到溫暖的家

本日回台灣，上飛機前在仙台市區觀光。

仙台城伊達政宗像

四國及中國 18 日

　　日本的四國地區包括：香川縣、德島縣、高知縣、愛媛縣，日本的中國地區又可分為山陽地區及山陰地區，山陽指的是山脈的南邊，包括岡山縣、廣島縣、山口縣，山陰地區為山脈的北邊，包括島根縣及鳥取縣。四國地區及中國地區的總面積大約是台灣的 1.4 倍大，知名景點包括：瀨戶大橋、金刀比羅宮、鳴門渦之道、大步危、桂浜、道後溫泉、倉敷美觀、岡山城、後樂園、鳥取砂丘、三德山、倉吉白壁土藏群、北榮町、境港水木茂之路、江島大橋、松江城、出雲大社、秋芳洞、元乃隅稻成神社、角島、瑠璃光寺五重塔、錦帶橋、宮島、原爆圓頂館、尾道貓之細道、備中國分寺。以下介紹由岡山進出，自駕露營 18 日的行程。

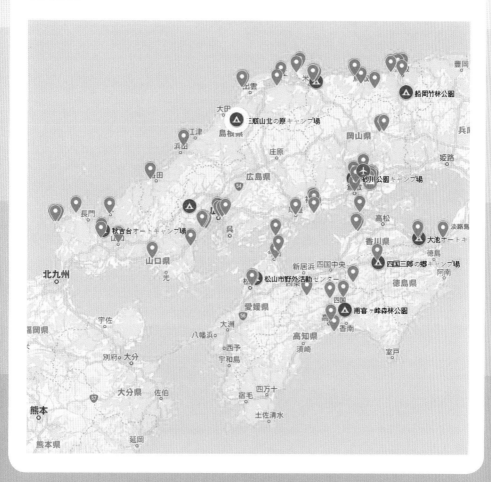

Day 1

○ 造訪點：岡山市區觀光

🏕 住宿：岡山東橫 Inn

第一天到達岡山機場，進市區入住岡山東橫 Inn。

❶ 岡山車站前桃太郎像 ❷ 岡山電車

Day 2

○ 造訪點：瀨戶大橋、丸龜城、金刀比羅宮、栗林公園

🏕 紮營：香川縣大池オートキャンプ場

本日移動至香川縣。瀨戶大橋橫跨本州到四國間的瀨戶內海，是共十座橋樑的總稱，也是世界最長的鐵路、公路兩用橋樑，建議可在鷲羽山展望台觀賞瀨戶大橋景色。金刀比羅宮的特色是 1368 級階梯，被稱為最難被參拜的神社。

❶ 瀨戶大橋 ❷ 大池オートキャンプ場

Day 3

- 造訪點：鳴門渦之道、大塚國際美術館、德島拉麵王
- 紮營：德島縣四国三郎の郷キャンプ場

本日收帳移動至德島縣，可先至鳴門。渦之道是位於日本鳴門海峽，因海底地形和水流的關係形成漩渦奇景，可在大鳴門橋橋面下俯瞰鳴門漩渦。

❶鳴門渦之道（照片黃淨愉小姐提供）❷鳴門大橋 ❸四国三郎の郷キャンプ場

Day 4

- 造訪點：大步危、小步危、祖谷葛藤橋、桂浜
- 紮營：高知縣甫喜ヶ峰森林公園

本日收帳移動至高知縣，沿途經過大步危、小步危。大步危、小步危乃河道沖刷形成陡峭峽谷地形，可搭乘觀光遊覽船感受河岸壯麗峽谷。祖谷葛藤橋是日本三大奇橋之一，由 5 噸重的葛藤架設而成，每 3 年重架一次，走在上面搖搖晃晃充滿驚險刺激。

❶大步危 ❷祖谷葛藤橋（照片宋易達先生提供）❸桂浜 ❹高知縣甫喜ヶ峰森林公園

Day 5

📍 造訪點：道後溫泉、松山城

⛺ 紮營：愛媛縣松山市野外活動センター

本日收帳移動至愛媛県。道後溫泉是日本三大古湯之一，也是宮崎駿動畫「神隱少女」裡湯婆婆的油屋原型。

❶ 道後溫泉 ❷ 愛媛縣松山市野外活動センター

Day 6

📍 造訪點：今治城、龜老山、大山祇神社、倉敷美觀

⛺ 住宿：岡山東橫 Inn

本日拔營直奔岡山住宿東橫 Inn，途中經過倉敷地區，部分路段可行駛自動車道以節省時間。倉敷美觀地區沿著河道兩岸都是傳統白壁建築物，每個角落都是美景，可搭乘小船沿途可欣賞白壁街道的景色。

❶ 今治城 ❷ 倉敷美觀

Day 7

造訪點：岡山城、後樂園

紮營：岡山縣砂川公園キャンプ場

本日收帳移動至岡山市郊紮營，收帳後先遊玩岡山城及後樂園。後樂園為日本三大庭園之一，大片開放性綠意草坪，園區內隨處可見水潭、曲水、小徑。

❶ 岡山城 ❷ 後樂園

Day 8

造訪點：龜甲駅、津山鐵道教育館、津山城、河原城

紮營：鳥取縣船岡竹林公園

本日收帳移動至鳥取縣，途中經過津山地區。津山鐵道教育館是日本第二大的扇型車庫，提供鐵道相關展示，除了鐵道迷朝聖之外，也適合親子一同參觀。

❶ 津山城 ❷ 船岡竹林公園

Day 9

📍 造訪點：鳥取砂丘、白兔神社、白兔海岸、賀露漁港

🏕 紮營：鳥取縣船岡竹林公園

本日不換營地。鳥取砂丘位在鳥取縣的海岸線上，景色壯闊，宛如置身非洲撒哈拉沙漠，非常推薦前往。

❶ 鳥取砂丘
❷ 白兔神社

Day 10

📍 造訪點：三德山、倉吉白壁土藏群、北榮町、皆生溫泉

🏕 紮營：鳥取縣日吉津村役場海浜運動公園

本日收帳移動至鳥取縣米子市附近，途中經過倉吉市、北榮町。北榮町是名偵探柯南作者青山剛昌的出生地，這裡有以柯南為名的柯南大道及柯南車站，柯南迷一定要來北榮町朝聖。

❶ 倉吉白壁土藏群 ❷ 北榮町青山剛昌故鄉館 ❸ 日吉津村役場海浜運動公園

Day 11

📍 造訪點：境港水木茂之路、江島大橋、松江城、玉造溫泉街、出雲大社、弁天島

🏕 紮營：島根縣三瓶山北の原キャンプ場

本日收帳移動至島根縣三瓶山，先到境港，途中再經過松江市、出雲市。境港是鬼太郎作者水木茂的故鄉，境港水木茂之路以鬼太郎為賣點，是大人小孩都很喜歡的景點。出雲是日本神話的故鄉，而出雲大社更是名聞遐邇、地位崇高的古神社，每年約六百萬人前往參拜。

❶ 水木茂之路 ❷ 出雲大社 ❸ 三瓶山北の原キャンプ場

Day 12

📍 造訪點：石見銀山、石見疊ヶ浦、持石海岸、萩市

🏕 紮營：山口縣秋吉台オートキャンプ場

本日收帳移動至山口縣秋吉台，沿途經過石見銀山。石見銀山早期是日本最大的銀礦山，2007 年時被登錄為世界遺產，登錄範圍包含了周邊的採礦遺跡與建築群。本日移動距離較遠，可考慮行駛自動車道。

❶ 石見疊ヶ浦 ❷ 秋吉台オートキャンプ場管理棟

Day 13

造訪點：秋吉台、秋芳洞、元乃隅稲成神社、角島

紮營：山口県秋吉台オートキャンプ場

本日不換營地。秋吉台是日本面積最大的石灰岩地景區，秋芳洞位在秋吉台地區的地底之下，是日本三大鐘乳洞之一。元乃隅稲成神社有一整排 123 座鳥居形成之步道，排列超過 100 公尺，蔚藍大海與紅色鳥居相映，十分壯觀。

❶ 元乃隅稲成神社 ❷ 秋芳洞 ❸ 角島大橋

Day 14

◎ 造訪點：瑠璃光寺五重塔、錦帶橋

🏕 紮營：廣島縣もみのき森林公園オートキャンプ場

本日收帳移動至廣島縣，沿途經過山口市、岩國市。岩國市錦帶橋乃日本三大奇橋之一，是一座五連拱橋，除橋墩由石頭以外，橋身完全為木造，橋身橫跨錦川就如同錦帶一般壯麗優雅。

錦帶橋

Day 15

◎ 造訪點：宮島、嚴島神社、廣島球場、原爆圓頂館

🏕 住宿：廣島東橫 Inn

宮島為日本三景之一，是點綴在美麗的瀨戶內海上的受人敬畏崇拜的神島，這裡有世界文化遺產嚴島神社，傍晚時分夕陽背映者嚴島神社大鳥居十分壯觀。宮島需搭船前往，島上可賞玩的地方很多，有到處都是野放的鹿，出宮島後通常天色已晚，因此安排住宿飯店較為方便。晚上可至廣島市區的原爆圓頂館賞景。

❶ 宮島的大鳥居及鹿 ❷ 夜晚的原爆圓頂館

Day 16

📍 造訪點：廣島和平紀念公園、原爆圓頂館、尾道貓之細道、尾道商店街

🏕 紮營：廣島縣びんご運動公園オートキャンプ場

本日移動至廣島縣尾道市。離開廣島市前可至和平紀念公園參觀，白天時再看一次原爆圓頂館，氣氛與前一晚完全不同。貓之細道可眺望依山傍海的尾道市區及瀨戶內海美麗景色。

❶ 白天的原爆圓頂館 ❷ 尾道商店街 ❸ 尾道山城

Day 17

📍 造訪點：福山城、備中国分寺、吉備津神社、吉備津彥神社

🏕 住宿：岡山東橫 Inn

本日移動至岡山市區位宿飯店，沿途參訪寺廟與神社。

Day 18

📍 造訪點：岡山市區購物

🏕 住宿：回到溫暖的家

本日回台灣，上飛機前在岡山市區觀光購物。

備中国分寺

調整計畫與意外驚喜

在自駕露營的旅程當中，臨時調整計畫是相當可能發生的，其原因可能是臨時心情改變或是途中接收到新的資訊，突然想要去沒有預先規劃的景點，這種機動性就是自駕露營的最大優點。突然天氣不好，或是長時間的旅程中有颱風侵襲，也是機動調整計畫的原因，這時或許需要改變旅遊路線以及住宿的營地。

對於旅遊計畫來說，就算事前行程規劃的再怎麼完備，總會有少數沒有預先想到的地方，其實，有時候自助旅行最有趣、最讓人回味的地方常常時那些行程中意想不到的插曲，遇到有趣的人、特別的事、沒被推薦過的美食、意外發現的風景，這些意外的驚喜累積起來，或許成為您的私房景點或美食，也會是一輩子美麗的記憶。

2018 年暑假，我們原本計畫由岩手縣盛岡前往宮城縣鳴子溫泉，但是宮城縣東南沿海颱風來襲，強風與大雨是無法露營了，因此我們臨時改變計畫，放棄原本要去的景點，翻過奧羽山脈衝到山形縣的西北海岸，雖然開車辛苦了一點，但是換來了大好天氣以及沿途意外的美景。還好我們是自駕露營，如果我們當天是跟團行程或是住宿飯店，那就只能依原路線行走，壞天氣待在室內遊玩了。

宮城縣颱風來襲，臨時調整計畫翻過奧羽山脈衝到山形縣的西北海岸，換來了大好天氣

2016 年的北海道自駕露營，在帶廣自然公園露營時我畫了一個露營畫板，過幾天之後我在上富良野日之初公園露營時又畫了另一個露營畫板，此時走來一位日本老先生認出我的畫板，他用簡單的英文跟我說他在帶廣自然公園同露時有看過我的特殊畫風，對我的畫板很有印象，我十分開心，於是我邀請他合我一起拍照留念。在日之初公園露營那一次也遇到一位來自台灣的騎車暢遊北海道單車手（pkpö liaö），我協助他處理遇到的小困難，然後剛好北海道電視台來營地採訪外國人到日本露營，於是我和那位單車手就一起接受採訪，那真是一次很特別的意外驚喜。

❶ 本老先生認出我的畫板 ❷ 和台灣單車手 pkpö liaö 一起接受北海道電視台採訪

附錄
實用網站列表

露營區

なっぷ
網址 https://www.nap-camp.com/

日本最大的露營場地檢索網站，登錄露營場數量最多，資訊清楚

Outdoor Square 附設的露營場地檢索網站
網址 http://www.boxos.com/campweb/

營地重要資訊列表清楚

E-CAMP 全国のキャンプ場
網址 http://e-camp.jp/

列表整理全國露營場，部分露營場詳列資訊，部分則連結官網

Mapmates 全国キャンプ場地圖
網址 http://mapmates.net/camp/

以地圖呈現營地位置，並以費用等級分類，但營地重要資訊不清楚

HATINOSU 露營場地檢索網站
網址 https://www.hatinosu.net/camp/

可以直接在地圖上找露營場，但營地重要資訊不清楚

ARCSS 全国オートキャンプ場 GUIDE
網址 http://www.linx.co.jp/Arcss/camp/

用圖示列表歸納各營地附屬設施，登錄露營場數量較少

LANTERN 露營場介紹報導

網址 http://www.lantern.camp/?cat=947

報導式的露營場介紹，登錄露營場數量較少

Mapmates 全国「無料」キャンプ場

網址 http://mapmates.net/camp-zero/

有全日本免費露營地，以地圖呈現營地位置，但資料不齊全

全国の無料キャンプ場の情報サイト

網址 http://outdoor-paradise.net/

有全日本免費露營地，用圖示列表歸納各營地附屬設施

無料＆格安全国キャンプ場野営地情報

網址 https://camp.tabinchuya.com/

分區介紹免費及超便宜的露營場地，有各露營地現地報導，資料齊全

無料＆格安全国キャンプ場野営地情報 FB 粉絲專頁

網址 https://www.facebook.com/campsite.free/

FB 粉絲專頁

E-CAMP「通年營業」露營場介紹

網址 http://e-camp.jp/about/open_year.php

列表整理全國通年營業露營場，營地重要資訊列表清楚

ALS-net 通年営業のキャンプ場

網址 http://www.als-net.com/special/winter.html

列表整理全國通年營業露營場，營地重要資訊列表清楚

LANTERN「冬天」也開放的露營場介紹報導

網址 http://www.lantern.camp/?p=10867

介紹 50 個冬天也有營業的露營場

租車

Orix 租車日文網頁

網址 https://car.orix.co.jp/

日本知名全國性租車公司

Times 租車日文網頁

網址 https://rental.timescar.jp/

日本知名全國性租車公司

Nippon 租車日文網頁

網址 https://www.nipponrentacar.co.jp/

日本知名全國性租車公司

Nissan 租車日文網頁

網址 https://nissan-rentacar.com/

日本知名全國性租車公司

Budget 租車日文網頁

網址 https://www.budgetrentacar.co.jp/

日本知名全國性租車公司

OTS 租車日文網頁

網址 https://www.otsinternational.jp/otsrentacar/

日本知名地區性租車公司

Sky 租車日文網頁

網址 https://www.skyrent.jp/

日本知名地區性租車公司

Jalan 租車比價網

網址 https://www.jalan.net/rentacar/

日本知名租車比價網

Rakuten 租車比價網

網址 https://travel.rakuten.co.jp/cars/

日本知名租車比價網

Tabirai 租車比價網

網址 http://www.tabirai.net/car/

日本知名租車比價網

日本出租車輛的儲物空間（後車箱）的尺寸表

網址 https://goo.gl/MNUoWq

車輛後車箱空間查詢

日本高速公路定額服務 Expressway Pass

HEP（Hokkaido Expressway Pass）

 http://www.driveplaza.com/trip/drawari/hokkaido_expass/tw.html

北海道地區 Expressway Pass

TEP（Tohoku Expressway Pass）

 http://www.driveplaza.com/trip/drawari/tep2015/ch.html

東北地區 Expressway Pass

CEP（Central Nippon Expressway Pass）

 http://hayatabi.c-nexco.co.jp/cep/tw/

中部地區 Expressway Pass

SEP（San'in-Setouchi-Shikoku Expressway Pass）

 http://global.w-nexco.co.jp/tw/sep/

山陰、瀨戶內、四國地區 Expressway Pass

KEP（Kyushu Expressway Pass）

網址 http://global.w-nexco.co.jp/tw/kep/

九州地區 Expressway Pass

自動車道及費用試算

日本國土交通省

網址 http://www.mlit.go.jp/road/sign/numbering/map/index.html

這裡有最新的自動車道路線圖

NEXCO 西日本網站

網址 https://search.w-nexco.co.jp/map.php

自動車道路線圖有少數未更新，含 IC 至 IC 間的費用計算功能

NEXCO 中日本網站

網址 http://dc.c-nexco.co.jp/dc/DriveCompassDiagram.html

自動車道路線為示意圖，含 IC 至 IC 間的費用計算功能

NEXCO 東日本網站

網址 https://www.driveplaza.com/dp/MapSearch

自動車道路線為示意圖，含 IC 至 IC 間的費用計算功能

NAVITIME 網站

網址 https://www.navitime.co.jp/maps/routeSearch

自動車道路線圖幾乎是最新的，包含路線規劃，費用計算功能強大

日本商家

ロケスマ
網址 https://www.locationsmart.org
尋找日本地區連鎖品牌商店及公共設施最好的工具

やどココ（yadococo）
網址 https://yadococo.net/
溫泉、錢湯、公車路線、公車站、道之駅、鐵道整合地圖

全国温泉ガイド
網址 http://onseng.jp/
全日本 1400 所溫泉情報

日本祕湯守護協會（日本秘湯を守る会）
網址 https://www.hitou.or.jp/
遠離人煙，隱密的秘湯

道之驛（道の駅）
網址 https://www.michi-no-eki.jp/
公路休息站

全國超市地圖（全国スーパーマーケットマップ）
網址 https://supermarket.geomedian.com/mainmap/
可在地圖上找出附近的超市

日本自助洗衣店

網址 https://www.coin-laundry.co.jp/userp/shop_search

可在地圖上找出助洗衣店

天氣查詢

日本氣象協會

網址 https://tenki.jp/

實用的日本氣象網站

日本氣象廳

網址 https://www.jma.go.jp/jp/kaikotan/

準確預測日本降雨

GPV 氣象預報

網址 http://weather-gpv.info/

由超級電腦預測的各種高解像度天氣預報

Windy

網址 https://www.windy.com/

全球性的氣象網站，圖像化顯示資訊

工具及其他實用資訊

Name 變換君
網址 http://namehenkan.com/tw

把中文姓字改寫成日文片假名

Mapion
網址 http://www.mapion.co.jp/

查詢日本景點的 Map Code 及電話

日本地理院地圖
網址 https://maps.gsi.go.jp

超詳細的日本線上地形地圖

北海道露營團
網址 https://www.facebook.com/groups/
CampinginHokkaido/

Facebook 社團

日本東北自駕、露營團
網址 https://www.facebook.com/groups/campingintohoku/

Facebook 社團

關東甲信越（富士山）露營團
網址 https://www.facebook.com/groups/KANTOCAMP/

Facebook 社團

西日本露營團

 https://www.facebook.com/groups/
CampingInWesternJapan/

Facebook 社團

沖繩自駕、露營、親子遊

 https://www.facebook.com/groups/PLAYinOKA/

Facebook 社團

日本露營 & 露營車自助旅行

 https://www.facebook.com/groups/AMITYRV/

Facebook 社團

絕景日本

 https://zh-tw.zekkeijapan.com/

日本四季風景及自然景觀情報

Weather News

 https://weathernews.jp/s/koyo/

日本賞楓情報

 https://weathernews.jp/s/sakura/

日本賞櫻情報

Weather map

 https://sakura.weathermap.jp/zh-tw.php

日本賞櫻情報

るるぶ.com

 https://rurubu.jp/

日本旅遊風景及親子遊憩情報

2AF672

行程規劃一次上手 ×

自助自駕 × 裝備剖析 ×

日本露營

國家圖書館出版品預行編目 (CIP) 資料

超完整日本露營：自助自駕 X 裝備剖析 X 行程規劃一次上手 / 高世鍊著 . -- 初版 . -- 臺北市：創意市集出版：城邦文化發行, 民 108.07
　面；　公分

ISBN 978-957-9199-58-2(平裝)

1. 露營 2. 汽車旅行 3. 日本

731.9　　　　　　　　　　　　108009552

作　　　者	高世鍊（Fish Gao）
編　　　輯	單春蘭
特約美編	Meja
封面設計	走路花工作室
行 銷 企 劃	辛政遠
行 銷 專 員	楊惠潔
總 編 輯	姚蜀芸
副 社 長	黃錫鉉
總 經 理	吳濱伶
發 行 人	何飛鵬
出　　　版	創意市集
發　　　行	城邦文化事業股份有限公司 歡迎光臨城邦讀書花園
香港發行所	網址：www.cite.com.tw 城邦（香港）出版集團有限公司 香港灣仔駱克道193 號東超商業中心1樓 電話：(852) 25086231 傳真：(852) 25789337
馬新發行所	E-mail：hkcite@biznetvigator.com 城邦(馬新) 出版集團 Cite (M) SdnBhd 41, JalanRadinAnum, Bandar Baru Sri Petaling,57000 Kuala Lumpur,Malaysia. 電話：(603) 90578822 傳真：(603) 90576622 E-mail：cite@cite.com.my

印　　　刷	凱林彩印股份有限公司
	2019年（民108）7月初版一刷
	Printed in Taiwan.
定　　　價	380元